非传统安全视野下的高校学生
事务风险管理优化研究

郭 洁 ◎著

陕西师范大学出版总社

图书代号　ZZ24N0827

图书在版编目(CIP)数据

非传统安全视野下的高校学生事务风险管理优化研究／郭洁著. —西安：陕西师范大学出版总社有限公司,2023.12
ISBN 978-7-5695-3972-1

Ⅰ.①非… Ⅱ.①郭… Ⅲ.①高等学校—学生工作—研究—中国　Ⅳ.①G645.5

中国国家版本馆 CIP 数据核字(2023)第 219974 号

非传统安全视野下的高校学生事务风险管理优化研究
FEI CHUANTONG ANQUAN SHIYE XIA DE GAOXIAO XUESHENG SHIWU FENGXIAN GUANLI YOUHUA YANJIU

郭　洁　著

责任编辑	屈瑞新
责任校对	孙瑜鑫
封面设计	金定华
出版发行	陕西师范大学出版总社
	(西安市长安南路 199 号　邮编 710062)
网　　址	http://www.snupg.com
印　　刷	西安市建明工贸有限责任公司
开　　本	720 mm×1020 mm　1/16
印　　张	12.5
字　　数	198 千
版　　次	2023 年 12 月第 1 版
印　　次	2023 年 12 月第 1 次印刷
书　　号	ISBN 978-7-5695-3972-1
定　　价	48.00 元

读者购书、书店添货或发现印装质量问题，请与本社高等教育出版中心联系。
电话:(029)85303622(传真)　85307864

前　　言

随着非传统安全研究的兴起,"安全"概念从国防延伸到信息、生态、环境、文化、政治、科技、经济等多重领域,安全主体从主权国家扩大到各类社会组织和个体,"安全问题"的危害性呈现出跨国性、多元性、社会性和相互关联性的特质,故各类组织间需展开对话与合作,以治理共同体的力量来消弭安全问题的危害性。

在非传统安全视野下,高校学生事务管理部门作为安全主体,承受着多元(安全)风险压力。针对高校管理人员与教师的相关调查显示:当前我国高校学生事务管理在学生就业指导、学生人身伤害管理、学生学业管理、学生学术道德、师生关系等方面存在一定的风险与不确定性,且某些棘手问题,有逐渐发展为安全问题的倾向。梳理该领域已有研究成果发现,如学生人身伤害、学生就业受挫等问题,不仅有危害学生群体的人的安全风险,同时还可能因诱发高校层面的多元风险而危害高校的平稳运营,不利于社会和谐与国家安定。当前高校管理在有效应对学生事务风险(尤其是严峻的风险)方面存在某些不足。相关调查显示:高校工作人员对风险危害性认识不全面,高校风险管理信息传播有待加强,校内各层级、不同管理部门间在风险管理的协同性方面有待提升……鉴于此,需要基于非传统安全视野重构高校学生事务风险管理,这包括在高校层面:从满足多元主体利益诉求(保障学生权益,促进高校发展,维护社会和谐与国家安定)的高度重构管理目标,探索多渠道吸纳优秀人员进入学生事务管理队伍来提升管理成效,打通高校风险管理信息传播通道以促进多主体参与高校风险管理,积极谋求与外部社会主体(保险、安保、心理咨询、企业)合作来进一步优化风险管理实践。

　　此外,考虑到学生事务中的一些棘手问题(其已成为安全问题或潜在的安全问题)的危害性已呈现多元性、社会性和相互关联性的特质,对其的治理需要在全社会范围内展开,即通过多元主体间的对话合作,来合理定位不同治理主体的角色功能,从而充分发挥治理共同体的功效。例如,就治理毕业生待就业问题,需要雇佣者主体发挥新增岗位的基础性功能,学生及其家庭发挥自我支持功能,国家发挥政策引导、社会保障、开拓全球就业市场等战略性功能,专业组织发挥理性引导功能,高校发挥创业孵化器功能,从而孕育出多元主体功能整合的高校毕业生就业风险应对机制。

目　　录

第一章　导论 …………………………………………………………（ 1 ）
　　第一节　选题意义 ………………………………………………（ 1 ）
　　第二节　基本概念 ………………………………………………（ 6 ）
　　第三节　理论基础与研究假设 …………………………………（ 9 ）
　　第四节　研究目的与研究意义 …………………………………（ 13 ）
　　第五节　研究方法与创新之处 …………………………………（ 14 ）
　　第六节　已有文献基础 …………………………………………（ 15 ）
第二章　非传统安全视野下的高校学生事务风险及其治理 …………（ 26 ）
　　第一节　非传统安全研究及其当代贡献 ………………………（ 26 ）
　　第二节　非传统安全视野下的高校学生事务风险 ……………（ 37 ）
第三章　高校学生事务风险与管理的现实观察 ………………………（ 49 ）
　　第一节　高校学生事务风险管理研究文献的考量 ……………（ 49 ）
　　第二节　高校学生事务风险管理的专家访谈 …………………（ 54 ）
　　第三节　高校学生事务风险管理的高校人员调查研究 ………（ 64 ）
第四章　高校学生事务风险管理的反思与重构 ………………………（ 77 ）
　　第一节　高校学生事务风险管理反思 …………………………（ 77 ）
　　第二节　高校学生事务风险管理重构 …………………………（ 83 ）
第五章　高校学生事务风险管理专题研究 ……………………………（ 89 ）
　　第一节　高校学生人身伤害风险及其管理 ……………………（ 89 ）
　　第二节　高校学生就业风险及其管理 …………………………（105）
　　第三节　高校国际生事务风险及其管理 ………………………（122）

— 1 —

第六章　结语 …………………………………………………… (137)
参考文献 ………………………………………………………… (143)
附录 ……………………………………………………………… (155)
　　附录1　当代中国高校学生事务风险及其管理调查报告 …… (155)
　　附录2　当代中国高校学生事务风险调查问卷 …………… (173)
　　附录3　当代中国高校学生事务风险访谈提纲 …………… (184)
　　附录4　1997—2021年高等教育阶段毕业生年度人数一览表
　　　　　　………………………………………………………… (185)
　　附录5　1992—2021各年度我国城镇新增就业与待就业人口与
　　　　　　城镇就业岗位数增长率一览表 ……………………… (187)
　　附录6　2016—2021年中国高校毕业生就业率抽样统计表 …… (189)
后记 ……………………………………………………………… (193)

第一章 导论

第一节 选题意义

高校学生事务管理虽然只是高校管理的分支领域,但相较高校其他管理领域,该领域与高校的服务对象——高校在校生间存在更为直接、密切的联系。学生事务管理的良好运行是指对学生身心健康、学业发展、职业成长等方面提供有力支持,对学生种种合理诉求给予应答,使学生合法权益能得到保障。正是由于高校学生事务管理种种基础性功能的充分发挥,广大在校生(及其所联结的众多家庭)才能安享接受高等教育所带来的收益与福祉,高校组织才能更有效达成自身教学、科研、社会服务、文化传承等多元组织使命,国家与社会才能日趋和谐、稳定、发展、繁荣。反之,如果学生事务管理领域风险事件频出,却又未能建立起有效的风险应对机制,则不仅高校学生群体将难以避免种种不幸与利益损害,高等教育组织亦将承受多元发展挑战,甚而社会与国家的稳定与安全也将面临不确定性。

一、高校学生事务风险危害高校组织的存在合法性

当代高校学生是这样一类特殊的群体:作为莘莘学子,他们是经历重重考试竞争脱颖而出的幸运者,是未来国家发展所需的优秀人才后备军,享受着国家种种政策优惠与专门福利。作为众多家庭中的新生一代,当代高校学生是辛苦而幸福的,在亲人的悉心呵护与谆谆教导下成长起来,他们是一个个家庭代际发展的希望,也因之成为消费家庭宝贵的经济、人力与社会资源的个体。而作为社会的一员,当代高校学生牵动着公众的心弦,因为发生在他们身上的每一个积极、正向的故事,无疑会鼓舞公众对于社会进步、国家发展的强大信心,而他们身上的一些不幸事件则会屡屡冲击公众心理,进而可能影响他们对于当前稳定与幸福生活的认知。然而,由于高校组织的各类教育教学、科学研究、体育运动、社会服务等活动中一直都存在的,且难以完全消除的风险与不利隐患,加之高校学生中的部分个体在早期成长过程中就已出现的身心健康方面的问题,这两方面的叠加导致高校学生更易陷入一些极端不幸事件。例如,屡屡被媒体曝出的高校学生自杀与其他类型的人身伤害事件。还有由于高校校园内部及其与周边社区的紧张与对峙态势,使高校学生涉入违法暴力事件,这不仅危害高校校园及其周边社区的稳定与发展,亦会使当事学生原本顺遂的人生轨迹发生畸变。此外还应保持警惕的是,境内外敌对势力、民族分裂主义者、非法宗教势力对高校学生思想观念的侵蚀与毒害,导致一些单纯而易冲动的高校学生可能涉入一些不良群体性事件。也不应忽视因高校学生信息外泄所引发的网络诈骗,对当事学生造成经济损失与心理创伤。在一些极端案例中,还会因当事人选择轻生而诱发其他直接、间接的社会负面影响。还需关注的有,高校学生就业挫折问题,此类问题导致当事学生遭遇经济困窘、心理创伤,使他们中的一些特殊个体出现自我伤害或反社会言行。所有上述不良事件的出现也表明:当前,由高校学生群体中曝出的,直接或间接涉及该群体的风险与危机事件数量呈上升趋势,类型呈多元化发展态势。

尽管上述风险事件的发生是高校内外多领域诱因共同作用的结果,但当不良事件暴发或造成不幸后果时,由于公众媒体,特别是一些不良媒体的炒作,高校组织或高校中的涉事员工往往成为这一时期公众苛责的对象。特别是当学生人身伤亡事件、毕业生就业挫折等事件陆续曝出,会直接引发公众对于高校教科研与管理人员是否充分履责,其行为是否合乎法律与道德规范,高校学生事务部门是否提供了有效的管理服务等方面的质疑。鉴于此,作为承担育人职责的高校组织,积极防控此类风险,降低风险的危害性,遏制次生风险可能诱发的种种负面影响,是推进高校学生身心健康发展,保障高校学生事务工作稳定开展,支持高校多元组织使命达成,进而确保高等教育机构组织合法性的基本手段。

二、高校学生事务风险危害因后疫情时代的来临而被扩大

2019年暴发的新冠疫情引发了全球性的公共卫生安全危机,将人类社会推入了后疫情时代。高校组织既要在疫情下保障日常工作的正常开展,更要坚守教学、科研、社会服务、国际交流、文化创新等使命①,由此,其院校管理,至少就学生事务管理领域而言,将面临种种新的风险挑战。这可能包括:①高校防疫风险,疫情暴发使高校这一人口密集且流动性大的组织面临更高的防疫压力,如何能在严格执行疫情防控政策要求的情况下,保障各项学生工作的有效开展,是对院校学生事务管理支持服务效能的严苛考验。②高校教学风险,疫情下高校匆忙转在线教学必然面临技术支持不足,从而使教师教学与学生学习都面临种种困难与不便,学生学习体验不佳,教学成效下降。这是对院校学生事务管理和教学服务部门的严峻考验。③校园安全风险,疫情使学生更易陷入心理与情绪问题,当事人冲动之下可能对自己造成伤害或对他人实施侵害。如何做好疫情下学生的心理危机干预,有效防控人身伤害事件,这是考验院校学生事务管理部门的危机应对能力的现实课题。④高校管理风险,因疫情防控之需,高校被迫转为线上教学,此外,严格执行疫情防控政策又会迫使学生事务管理部门改变惯有模式并运行更为复杂的管理程序,这些管理变化必然会引发来自学生群体的质疑与抱怨,如何为他们做好政策解释,这是对学生事务管理部门的校内协调与沟通功能的重要挑战。⑤高校就业指导风险,疫情后就业市场环境严峻,毕业生面临更大的就业压力,院校学生事务管理部门如何不断完善就业指导服务,是关涉院校稳定、保障学生切身利益的重要议题,更是衡量一所高校组织功能发挥的重要指标。⑥高校声誉风险,疫情后院校的教学、管理、服务等方面问题更易引发媒体的负面报道,致使院校声誉受损,这种情况下,展开有效的信息公开,及时消除公众的质疑,这是考验院校学生事务管理部门公共关系成效的重要方面。⑦高校资金风险,疫情导致院校学生事务管理成本上升,由此可能面临资金压力,学生事务管理部门如何通过更有效地统筹规划来获取资源,合理配置资源于最需要的管理环节与领域,是考验学生事务管理部门资金管理能力的重要契机。当然,随着疫情危害的逐步远去,疫情给学生事务管

---

① 郄海霞,李莹.世界一流大学的使命特征研究:基于20所世界一流大学使命文本的分析[J].中国高校科技,2020(10):4-8.

理带来的危害性也在逐步降低。但这并不应成为人们主观降低对高校学生事务风险的关注度的理由。因为,后疫情时代的种种变化已经足够唤起我们对于高校学生事务风险的警醒意识,并生发出对高校学生事务风险的更为包容与全面的分类框架。此外,后疫情时代的来临,还需要人们充分识别出社会环境激变可能诱发的高校学生事务风险压力的骤增,进而以更为"全景式"的分类标准来识别高校学生事务领域的风险。唯有如此,才能在今后向全面有效应对高校学生事务风险的良好态势演进,才能有效维护高校学生群体的合法权益,同时维护高校的持续、平稳的运营与发展。

三、高校学生事务风险关涉社会和谐与国家安全建设

随着当代高校外部社会安全环境的激烈变化,院校学生事务管理领域的一些风险呈现危害性加大的趋势,或者由最初的风险隐患逐步发展为现实存在的风险。加之,当代高校作为承担教学、科研、社会服务、文化创新等多元使命的组织,其与外部社会间的联系日益密切,院校活动所涉及的社会领域也在不断拓展,从而使高校学生事务管理领域发展出日益庞杂的工作内容,由此可能产生的风险隐患的类型也会不断增多。为此,作为院校中的专门性工作领域,学生事务管理也必须致力于防控本领域各类风险事件以确保学生的身心健康,支持其学业与职业发展。而这也同时关涉着千万家庭的福祉。随着后疫情时代的来临,学生事务领域的风险压力还可能进一步加大,当此类风险事件的危害性突破院校组织的管理能力范围时,甚至可能危及社会和谐与国家安定。例如,新冠疫情引发就业市场萧索,高校毕业生遭遇就业挫折变得更为常态化,由此也将导致今后一段时期内高校毕业生就业率和就业满意度的下滑,院校可能面临就业指导风险的上升。不仅如此,随着高校毕业生遭遇就业挫折人数比例的上升,加之扩招以来每年高校毕业生人口基数的持续增长,将导致待就业高校毕业生群体规模不断增大。考虑到量变引起质变,当社会中累积的待就业(还有未能合理或稳定就业)的高校毕业生人数不断增长,至突破某一"临界点",则可能触发社会层面的多元风险与危机。这可能包括:①社会舆情风险,如高校生就业问题屡屡曝出负面新闻,从而导致公

众紧张、焦虑情绪强力释放下的舆论无序,这将不利于社会和谐与稳定。又如,高校学生人身伤害事件暴发后,个体高校如未能向当事人提供充分的经济救助,则极易引发媒体对高校的道德诘责,甚至泛滥为对高校群集是否充分履责,是否对学生给予人性关怀等方面的网络声讨。不仅如此,当针对此类事件,司法机关依据相关法律所做出的判定还可能在网络上引发公众关于司法公正性的质疑。而高校学生人身伤害事件本身也易于引发人们对于失独家庭问题的关注,对国家社会保障体系不完善的热议,由此可能引发的社会舆论风险亦不容忽视。②社会稳定风险,由于就业岗位竞争激烈,高校毕业生及其家庭成员可能不惜动用种种社会关系资源,以非正常手段解决当事学生就业问题,而这种做法的普遍化则可能在全社会范围内加剧权力寻租,危害社会的就业公平。至于在这一权力寻租的竞争中遭受利益损害的群体,他们在某些情况下,会采用一些极端的方式来维护自己的利益,如游行示威、施行网络暴力等,导致一定时期与范围内社会环境的动荡。③社会经济风险,高校学生待就业人数短期内的激增将放大市场在均衡配置人力资源方面的天然局限性,由于供给大于需求,导致高校学生求职者市场工资水平的下滑,这一变故会损害高校毕业生求职者的经济利益,更从中长期范围内危害整体社会经济的协调发展。④高教系统风险,例如,高校学生就业率低下,这可能导致高等教育消费者个体因教育投资预期效益低下而缩减投资,尽管这一过程从长期考察,有助于遏制公众盲目追捧高等教育服务产品的非理性行为,有助于高等教育系统的"重构"与优化。然而,从短期,特别是新冠疫情暴发后的若干年考察,高等教育系统打破痼疾,重新生长的过程必然伴生着种种艰辛,导致高等教育系统的存续与发展遭遇种种风险与不确定性。为此,高校学生事务风险,绝不仅仅是止于高校组织边界之内的风险危害。当对此类风险的危害未能形成充分的认知,对此类风险未能实施有效管理,则其所产生的负面影响将波及国家与社会层面的安全与稳定。

综上所述,当前充分识别高校学生事务中的风险,明晰高校学生事务风险管理的现状与问题,是有效地应对风险挑战,从而确保高校的平稳运行,支持社会和谐与国家安全建设的重要措施。由此,本书将在非传统安全理论视野下全面识别高校学生事务领域的风险,进而探索如何针对此类风险,特别是其中可能诱发多元社会危害的风险类事件,构建起有效风险应对机制。

第二节 基本概念

一、高校学生事务

高校为维持大学生正常的学习、生活秩序,促进其全面发展,实现高等教育培养目标,在教学过程之外所必须提供的具体事务,一般可分为"管理性学生事务"和"指导与服务性学生事务"[①]。高校学生事务通常最可能涉及的内容包括有"课外活动""学生活动""住宿生活"及"感情和个人问题"等[②]。在当代,随着学生发展理论对学生事务领域研究与实践的观照,高校学生事务的内涵还在不断丰富。需要说明的是,在研究领域和高校管理实践中,学生事务、学生事务管理、学生工作、学生管理这一类概念,有时会互换使用。

二、高校学生事务管理

高校学生事务管理即高校中的专门组织和学生事务管理者"依据国家的法律、政策和人才培养目标,在一定的学生事务管理价值观指导下,运用相关专业知识和技能,合理配置资源,提供为促进学生发展所必需的学生事务的组织活动过程"[③]。在我国高校管理实践中,学生事务管理通常涵盖"思想教育""学生管理""学生指导与服务""突发事件应急处置"等内容。[④]

---

① 储祖旺,蒋洪池.高校学生事务管理概念的演变与本土化[J].高等教育研究,2009,30(2):86-90.

② 马健生,滕珺.美国高校学生事务管理的历史流变[J].比较教育研究,2006(10):63-69.

③ 储祖旺,蒋洪池.高校学生事务管理概念的演变与本土化[J].高等教育研究,2009,30(2):90.

④ 钟秉林.高校学生事务管理工作要研究新问题 应对新挑战[J].中国高等教育,2013(23):17-19.

三、高校学生事务风险

在高校组织中,风险是指那些"对组织实现自身各个层次目标与使命的能力可能造成负面影响的事件或状态"[①]。而高校学生事务风险则特指学生事务领域存在的各类风险或陷入的风险状态。此类风险或风险所造成的危害是现实存在的,具有客观性,但对其的识别却具有一定的主观性,即,通常应当由学生事务领域的专职工作人员或承担与学生培养、管理和服务相关工作的高校工作人员对是否存在某类风险、该风险发生的可能性及其所造成的危害性做出判断。因此,在高校组织中,上述各类人群或不同个体间,由于其各自不同的工作背景、个人感受,会在对风险的识别和风险特性的判断方面产生差异性[②]。而当前可能存在于高校学生事务领域且达成共识的风险包括:学生人身伤害风险、学生就业风险、学生遭遇网络诈骗风险等。

四、高校学生事务风险管理

高校学生事务风险管理是高校学生事务部门应当承担的基本管理职能之一。它应当呈现为:高校学生事务管理部门联合校内相关部门(及人员),校外可能提供相关服务的组织或机构,通过建立合理的管理目标,整合上述组织与机构功能,制定必要的制度与程序,从而针对学生事务风险而建立、运行的一套事前及时预测、积极防控,事发及时应对,事后规范处置的管理制度与程序。有效的高校学生事务风险管理指向于降低学生事务风险的发生率,减轻此类风险对学生造成的身心健康及其他方面的利益损害,从而为确保学生事务部门和整体院校工作的持续、稳定开展提供有效支持。

五、非传统安全

对非传统安全的界定需要从厘清"安全""传统安全"的概念内涵而逐步推进。

---

① 郭洁.美国多校园大学的风险管理[M].北京:教育科学出版社,2010.
② 沈倩倩.高职院校学生管理事务面临的法律风险及其防范[J].滁州职业技术学院学报,2019,18(4):16-18.

"安全",在《现代汉语词典》中的解释是"没有危险;平安"[①]。在英语中所对应的是"safety",其基本含义是:"安全的条件与免于危险与伤害的状况或(和)感觉"。人类对安全最朴素的理解是:安全是人的一种包括身体上没有受伤害、心理上没有受损害、财产上没有受侵害、社会关系上没有受迫害、生存环境没有发生灾害的存在状态,也包括国家没有外来入侵的威胁、没有战争的可能、没有军事动力的动用、没有核武器的使用等[②]。

传统安全通常包括军事安全和政治安全。军事安全是一个国家以军事力量和军事手段来保障本国免于遭受军事打击与军事威胁,从而保障自身的主权统一、领土完整、政权稳定等。军事安全的表现形式包括军事威慑、军事对抗、军事打击、军备控制、大规模战争等。军事安全的主旨是维护国家主权,确保国家独立。政治安全是国家维护政治主权与政权中的政治体系稳定与政治发展有序。国家政治体系稳定是指国家的国体、政体、国家结构形式、政治意识形态、政党制度等诸种因素的统一,以及这些因素在社会内部矛盾发生、发展和解决的过程中,保持原有的基本结构和基本性质不变[③]。政治安全的核心关注点是对国家政权的维护。

非传统安全是相对于传统安全而言的,对应于军事、政治领域之外的经济、文化、社会、生态、信息等更广泛领域内的安全问题,是扩大了的传统安全议题。从狭义观点理解,这一安全定义即各种威胁不存在,这也是对非传统安全的最基本概括。而从广义观点理解,非传统安全是行为主体之间的优态共存,其指向具有独立身份的行为体的生存能力与可持续发展的境况,这种安全是针对所有行为体层次而言的。其所要达到的价值目标是打造利益共同体、命运共同体和责任共同体[④]。

在本书中,非传统安全概念将被"聚像"于高校学生事务风险。具体来说就是当代社会变化语境下,高校学生事务部门通过自身的各种努力,尽力

[①] 中国社科院语言研究所词典编辑室.现代汉语词典[M].6版.北京:商务印书馆 2012:7.
[②] 余潇枫.非传统安全概论(第三版·上卷)[M].北京:北京大学出版社,2019:17-18.
[③] 余潇枫.非传统安全概论(第三版·上卷)[M].北京:北京大学出版社,2019:22-26.
[④] 余潇枫.非传统安全概论(第三版·上卷)[M].北京:北京大学出版社,2019:28-30.

确保学生人身、高校舆情、高校师生关系、高校财务、高校声誉等多元领域的安全。需要关注的是,当上述某类(或某几类)安全不能被确保(或被充分确保),此时间节点也往往是高校学生事务领域深陷某类(某些)风险或风险事件的危害之际。而此类风险与风险事件所带来的负面影响还通常呈现外展性、弥散性、多层次性与渗透性,其中一些极端性风险事件则可能演变为引发多元社会危害的"安全问题"。

第三节 理论基础与研究假设

一、理论基础

1. 非传统安全理论

在冷战结束前后,国际安全理论研究中出现若干不同于传统安全研究的理论流派,如哥本哈根学派、批判安全研究、人的安全研究、后结构主义安全研究及女性主义安全理论等。英国伦敦政治经济学院的国际安全研究专家巴里·布赞(Barry Buzan)曾将这些理论统一置于非传统安全理论框架下进行研究,但未能将以上"非传统安全理论"作为一个群属,进一步探索其特有属性与学术意义。我国研究者李开胜、薛力在依据历史发展线索重新对此类理论观点进行历史梳理的基础上,探索揭示了非传统安全各理论流派所具有的一些共性特征:第一,非传统安全理论超越了仅以国家为主体的安全观,强调关注不同层次安全指涉对象的重要性,这使国家、个人、国际组织等都成为安全指涉对象。此外,在非传统安全理论的不断推进中还透露出一种趋势,即对人,特别是个体的人的安全的高度重视。第二,非传统安全理论强调对人的安全的实现。这使此类理论具有了一定的批判性色彩,并为国际安全研究提出新的值得追求的目标,也为国际社会的变革与进步提供了新的值得参考的方向。第三,非传统安全理论不仅关注某一个领域的安全问题。因为该领域研究者多采用"宽泛的研究议程",且关注"不同安全领域之间的联动性"。例如内战或极度贫困会增加恐怖主义的号召力等。可以说,非传统安全理论对不同安全问题间的联系性投入了极大关注。第四,非传统安全理论打破了传统安全理论将国内领域与国际领域机械割裂的局限,更加关注国内安全与国际安全间的联动性。事实上,安全问题本就没有国界,非传统安全理论的种种主张更加符合安全问题的现状。第五,在维护安全的方式上,非传统安全理论普遍主张合作安全与共同安全。例如,非传统安全理论中的批判安全论认为牺牲他人利益,或使用武力和威胁手段而维持的安全是"不稳定的安全",还强调实现不同安全主体之间的利益"非零和性",即虽然各方获益不一定均等,但却为实现双赢开辟了空间[1]。

非传统安全理论相比传统安全理论,呈现出"安全的内涵指涉更加丰富多样,安全的领域更加复合多重、安全的维度指向更加复杂多向、安全的维护应对更加广泛多元化"等多种发展特征[2]。由此,非传统安全理论能为全面把握人的安全及国际、国内社会中各类安全现象与安全问题的丰富内涵与核心本质,提供更具包容性的理论分析视域。而借助非传统安全理论来透视高校学生事务现象,将为全面识别高校学生事务(安全)风险类型的多样性,深入解析各类(安全)风险间可能存在的相互作用联系,整体把握学生事务(安全)风险所引发的危害的多层次性、弥散性等特质,赋予更为有效与适用的分析工具。

2. 风险管理理论

有关风险的理论主要有两大流派,"客观实体派"和"主观建构派"。

"客观实体派"是依据经济学的相关认识,从考察某种行为是否产生有害后果来建立风险的基本概念内涵。在客观实体派看来,风险是客观存在的,风险具有不确定性,风险具有可测性。而风险的构成要素包括:①风险因素(诱因),包括实质性风险因素和道德风险因素。前者即有形的,并能直接影响事务物理功能的因素,后者即由于个人的不诚实、不正直或不轨企图,故意促使风险事故发生,以致引起社会财富损毁和人身伤亡的原因或条件。②风险事故,即造成生命财产损失的偶发事件。客观实体派以客观概率、概念和规范来测度不确定性,认为一切风险损失后果,均可以金钱观点

---

[1] 李开盛,薛力. 非传统安全理论:概念、流派与特征[J]. 国际政治研究,2012,33(2):104-106.

[2] 余潇枫. 非传统安全概论(第三版·上卷)[M]. 北京:北京大学出版社,2019:32.

观察与计价。风险管理就是通过对风险的识别、衡量和控制等手段,而实现以最小的成本来使风险损失降到最低程度的目标。客观实体派认为风险管理过程包括风险识别、风险估测、风险评价、风险控制和管理效果评价等基本环节[1]。

主观建构派是依据心理学、社会学、文化人类学与哲学研究而形成的风险理论流派,其认为,风险具有建构性,即风险不是客观的,而是主观建构的,风险的存在与否在很大程度上取决于人们的认识、态度、社会环境、文化伦理等。风险具有社会与团体性,即强调风险是对社会文化的普遍价值取向或者规范的一种偏离,故此,对于一些风险的发生与否、发生时间、环境及其后果严重性的判断,是依据一些主体的心理与感受来建构的。此外,风险具有不确定性与不可测性,即风险发生的时间、环境,可能性及其后果难以准确判断。而风险社会理论还揭示出风险的内生性,即风险是与人类的决策与行为、各类社会制度的运行与发展相伴生的。随着人类对自然界干预程度的不断提高,风险的内生性特点也日益明显。总之,在主观建构派看来,风险从空间影响看是延展性的,其可超越地理边界;从事件影响看是持续性的,会波及子孙后代。此外,尽管风险发生所造成的后果严重,但其发生的可能性较低。加之,现有的风险计算方法、经济补偿方法都难以从根本上解决问题,故防控风险要通过提高对现代性的反思能力来生发应对风险的新机制[2]。

随着风险管理实践的不断深入,两大流派间的观点也在实践层面实现了一定程度的融合。这一点至少在高校风险管理实践方面有所体现。首先,在对风险的识别方面,美国高校风险管理专业协会所发布的相关公告内容,以及美国一些高校(如加州大学)相关风险管理实践中,由高校风险管理部门向高校内部工作人员发放风险调查问卷,来识别一定时期高校教学、科研与一般运营性工作中可能存在的风险,以及风险的危害性与发生的可能性。这已经是一类被认可并接受的技术手段。此外,此类技术还在随着长期的实践检验而发展为一种日益完善而普遍的做法。而这种以高校教职员

---

[1] 卓志.风险管理理论研究[M].北京:中国金融出版社,2006:9-13.
[2] 卓志.风险管理理论研究[M].北京:中国金融出版社,2006:15-18.

工主体为测评对象,以个体主观感受为依据来评价风险的做法,正是具有主观建构派特质的风险测评方式。其次,就风险测评之后,高校采取各种方式积极应对风险的实践而言,客观实体派的主张和技术则被有机整合进高校风险管理程序。这体现为,高校组织设立风险管理部门,委派专职风险管理人员,设立风险管理程序,对高校各类活动给予规划、引导与控制,从而降低意外或不良事故的危害性,并使风险损失最小化[①]。这种将风险作为"客观的不确定性",并通过建立若干程序来建构风险管理过程的做法,正体现出客观实体派的特质。当然,随着这两种风险理论流派观点在实践层面的进一步交汇融合,风险管理理论解释风险现象,指导管理实践发展的功能还将被不断放大。而就高校学生事务风险管理而言,风险管理理论中的"客观实体派"与"主观建构派"所提出的观点与要素的交融,将为本书研究框架设计的合理性提供"底层逻辑"依据。

二、研究假设

非传统安全理论与当代风险管理理论是支持本研究有效开展的基本理论依据,在此基础上,为确保本研究的顺利开展,笔者进一步提出两个理论假设:

1. 高校学生事务风险可能发展为一类安全问题

高校学生事务风险,尤其是其中的一些极端性风险,不仅威胁高校学生的人身安全,危害高校(特别是学生事务部门)的多元安全,甚至可能不利于社会和谐与国家安全。可以说,高校学生事务中的特定类型风险可能会随着整体社会环境变化而演变为新的"安全问题"。

2. 高校学生事务风险能够被识别和应对

高校学生事务风险多具有潜在性,通过提高广大教职员工的风险管理意识,推进高校中的风险信息传播,运行有效的高校风险管理措施,高校组织能有效规避或降低学生事务风险的发生率,减少或消除风险所造成的损失。

---

① 郭洁.美国多校园大学的风险管理[M].北京:教育科学出版社,2010:29-30.

第四节　研究目的与研究意义

一、研究目的

第一,以非传统安全理论观照高校学生事务风险及其管理现状,明确高校学生事务风险的特质,及高校学生事务风险对多元主体造成的危害,探索应对高校学生事务风险的高校管理与社会治理策略。

第二,通过对高校教学科研与行政管理人员展开访谈和调查研究,获取相关信息以呈现当代中国高校学生事务风险与风险管理的真实样态。

第三,基于对访谈结果的分析,对问卷调查所获取数据的统计分析,探析影响高校学生事务风险状况的因素,为检验前期理论研究的成果提供必需的数据支持。

二、研究意义

首先,本研究有助于提升高校学生事务风险管理研究的学理性,亦将为丰富当代非传统安全研究成果贡献绵薄之力。一方面,以非传统安全观审视高校学生事务风险管理,能使该领域零散、经验性的研究成果在多元安全的视野下得以整合,从而明晰该领域的研究边界,完善该领域研究的风险术语系统,凸显该领域研究的价值,使该领域逐步摆脱高校实务管理的"前研究"特质,不断实现自身的学理性提升。另一方面,在非传统安全视野下探讨高校学生事务风险问题,将拓展当代非传统安全研究"安全问题"的类型,使非传统安全研究的"安全"内涵能在高校管理的现实情境中得以丰富和发展,其产出的成果也将有助于非传统安全研究成果的丰富。

其次,本研究关涉高校学生的切身利益,关涉高校组织多元使命的达成,关涉社会稳定与国家安全。基于非传统安全观来充分识别高校组织的学生事务风险与危机诱因,积极整合、开发各类资源来优化高校学生事务风险与危机管理,不仅有助于降低高校学生所面临的人的安全风险,有助于高校应对多元安全风险挑战,更将为维护社会和谐稳定,支持国家安全建设提供助力。

第五节　研究方法与创新之处

一、研究方法

本研究由规范研究与实证研究两部分构成。规范研究是借助当代非传统安全理论来全面、深入地透析当代高校学生事务风险现象,揭示其特点、危害性、影响范围、所关涉的主体,前瞻性地预测此类问题未来的发展趋势,探索可采取的治理策略与方法。这将为之后开展相关实证研究构建研究分析框架。在规范研究部分,研究者应用了文献研究法、历史研究法、归纳法、演绎法等多种研究方法。

本研究的实证研究部分则聚焦于展现当前中国高校学生事务风险及其真实治理样态,在此基础上探索影响高校学生事务风险管理成效的因素。该部分研究以之前构建的理论框架为观照,通过对高校学生事务管理专家的访谈,对更大范围内高校教学与管理人员的问卷调查来获取相关数据,借助相关软件对此类数据进行分析、处理,其所获得的研究结论亦将对前期规范研究所取得的成果给予验证与丰富。事实上,实证研究部分,研究者应用了混合研究范式,即通过访谈法(质性研究)获取来自个人视角的经验,通过问卷调查(量化研究)来确保研究结论的代表性与精确性。这一使两类研究所获取的数据与结论相互"取长补短"的研究范式,能较好保障研究结论的规范性与科学性[1]。

二、创新之处

学术思想的创新:本研究以非传统安全理论观照高校学生事务风险管理,以明确学生事务风险管理研究的价值(关涉学生、高校、社会和国家的安全),明晰学生与学生事务部门所面临的安全挑战(前者主要为人的安全风险挑战;后者为包括经济安全、人身安全、管理安全、绩效安全、舆情安全和

---

[1] CRESWEL J W. A concise introduction to mixed methods research[M]. Thousand Oaks: SAGE, 2015.

声誉安全等在内的多元安全风险挑战),揭示极端学生事务风险问题的不良发展趋势(此类问题可能发展为新的"安全问题"),呈现当代学生事务风险治理的有效策略(整合多元安全主体力量共同治理风险)。这一以新的理论视野来丰富认识,指导本领域实践发展的探索,不仅有助于推进高校学生事务风险管理研究从偏于"经验研究"向更趋"科学研究"迈进,同时也彰显出本书研究在学术思想方面的创新性。

学术观点的创新:在非传统安全理论视野下,安全问题具有始发性、潜在性、复合性、扩散性等特点,故对其的有效治理必须是多主体的合作行动[1]。本课题从非传统安全理论视野下检视高校学生事务风险问题,揭示出此类问题所具有的"安全问题"特质,进而提出应充分预期高校学生事务风险可能引发的多元危害,积极引导多元主体共同参与学生事务风险治理。这一观点的提出,是富有学理性思考的成果,它突破既有学生事务风险管理研究成果多聚焦某一类学生事务风险开展探讨,分享个人观点的局限性,从而成就了本书研究在学术观点方面的创新。

研究方法的创新:研究者先展开关于非传统安全理论视野下的高校学生事务风险的理论研究,此后应用混合研究方法来展开针对当前高校学生事务风险与管理的实证研究,这一过程中不仅应用了文献研究法、历史研究法、访谈法、问卷调查法等多形式、多层次的研究方法,还使上述研究方法各自的功效能在一个合理的研究设计中实现有机整合,从而达成了本书在研究方法层面的创新。

第六节　已有文献基础

本书涉及两个关键词,分别是"非传统安全"和"高校学生事务风险管理"。因此以下文献综述将首先关注对"非传统安全研究"的文献梳理,此后,会聚焦"高校学生事务风险管理"展开相关研究评述。

一、非传统安全研究

非传统安全研究发展至今,形成了诸多理论流派,并贡献出较为丰富的

---

[1] 余潇枫.非传统安全概论(第三版·上卷)[M].北京:北京大学出版社,2019:30-31.

研究成果。如果对该领域成果给予整体俯瞰,则其呈现出较为明显的三个发展阶段:

第一阶段(20世纪70年代到冷战前期),学术界和政界开始打破传统安全概念的藩篱。如20世纪70年代初,罗马俱乐部(Club of Rome)发表《增长的极限》,该报告的发表使人口增长、环境退化、资源枯竭、贫困失业、金融和经济混乱等一系列问题被纳入非传统安全议题,进入人们的视野[①]。1984年美国学者理查德·乌尔曼(Richard H. Ullman)在《重新定义安全》一文中首次正式强调非军事威胁的重要性[②],从而将非传统安全研究正式纳入安全研究的范围。这也为之后形成包括军事、科技、环境、资源、文化、经济等内容的"综合安全观念"奠定了基础。此外,该时期,体现在外交政策上,"新安全观"开始在一些官方文件中出现。

第二阶段(冷战结束到"9·11"事件暴发前),非传统安全问题研究进入蓬勃发展期。伴随着冷战时期的结束,各种秉持非传统安全思想的流派和理论如雨后春笋般出现。如哥本哈根学派、批判安全研究、人的安全研究、女性主义、新自由主义、建构主义等,纷纷从各自的理论视野出发,为拓宽安全研究的视域贡献了要素,这也使有关安全的讨论切实超越了国家政治与军事领域。该时期,"人的安全"与"合作安全"更加受到重视。

第三阶段("9·11"事件暴发至今),学术界对非传统安全威胁所涉及的领域和特点有了深入的反思。王逸舟(2005)总结了该时期非传统安全概念"泛化"的趋势。即,依据不同的"立论参照系",各政府管理部门主体可以提出自己个性化的非传统安全问题清单。此外,在全球化和信息化背景下,安全的概念被拓展到如信息安全、生态安全、经济安全等更为多元、细化的领域,这意味着非传统安全问题开始容纳传统的国家安全问题与新出现的社会安全问题。并且,该时期研究中的安全主体可以是主权国家、社会组织,甚至是某一个体[③]。

非传统安全研究经历若干年发展,形成了较为丰富的中外研究成果,这

---

① 米都斯. 增长的极限:罗马俱乐部关于人类困境的研究报告[M]. 李宝恒,译. 长春:吉林人民出版社,1997,5.
② RICHARD H U. Redefining security[J]. International security,1983,8(1):129-153.
③ 王逸舟. 中国与非传统安全[J]. 国际经济评论. 2004(6):32-35.

些成果分别聚焦于若干议题,以下将就国内、国外成果分别展开相关梳理。

1. 国外非传统安全研究

国外相关研究渊源很早,成果也较为丰富,内容涉及以下几方面:

(1) 有关非传统安全内涵的探索。美国国际政治经济学家理查德·H. 乌尔曼(1983)在《国际安全》季刊上发表《重新定义安全》一文,明确提出国家安全及国际安全概念应予以扩大,实质包容非军事性的全球问题,如资源、环境、人口问题等[①]。1989年初,J. T. 马修斯在《外交》季刊发表同样题为"重新定义安全"的文章,强调国家安全和国际安全必须将世界资源、环境和人口问题包括进来。在该时期,巴里·布赞(Barry Buzan)对一些非传统安全问题做了初步研究,除了强调与国家安全相对的"个人安全",他还在研究军事、政治等领域安全问题的同时,开始强调要重视经济、社会、环境等领域的安全问题[②]。而在其与琳娜·汉森(Lene Hansen)合著的《国际安全研究的演化》中还对近代以来西方安全理论的发展做了梳理,并从国际安全研究历史本身和国际安全研究的内容和运行机制两个方面,来勾勒国际安全研究的整体面貌[③]。值得一提的是,1989年迈克尔·J. 迪茨克(Mickael J. Dziedzie)在《跨国毒品贸易与地区安全》中首次使用了"非传统安全"一词[④]。

(2) 有关非传统安全领域与议题的研究。20世纪70年代,生态环境恶化,公民环保意识觉醒,环境政治理论将环境安全正式带入非传统安全研究的视野。罗马俱乐部在60至70年代相继发布《增长的极限》《人类处在转折点》的报告。1972年联合国人类大会发出环境恶化和生态危机的警告,从而使环境安全研究成为非传统安全研究的重要领域。加之,西方社会普遍遭遇经济危机和石油危机,各发达国家逐步意识到维护军事、政治领域以外的国家安全的重要性。哥本哈根学派则将安全领域划分为军事安全、政治

[①] RICHARD H U. Redefining security[J]. International security, 1983, 8(1): 129-153.

[②] BARRY B. People, states and fear: The national security problem in international relations[M]. NC: The University of North Carolina Press, 1983.

[③] 布赞, 汉森. 国际安全研究的演化[M]. 余潇枫, 译. 杭州: 浙江大学出版社, 2011: 16.

[④] MICHAEL J, DZIEDZIC. The transnational drug trade and regional security, survival[J]. 1989, 31(6): 533-548.

安全、经济安全、社会安全、环境安全等五大领域①。而其后出现的人的安全理论，则从保障人的安全的视角提供了若干要素。在该流派最具代表性的文献——1994年联合国开发计划署《人类发展报告》中，阐述了人的安全的七个要素，即"经济安全""粮食安全""健康安全""环境安全""个人安全""社区安全"和"政治安全"。西方学者对非传统安全的研究，多引入一些具体的安全议题，如环境安全、经济安全、食品安全、能源安全、粮食安全等。这些努力推进了非传统安全领域的不断拓展②。

(3)有关非传统安全合作方面的研究。英国学者保罗·罗杰斯(Paul Rogers)在其著作《失控:21世纪的全球安全》中提出，在当前国际环境的大背景之下，进行非传统安全领域的合作虽然存在着许多困难，但具有独特价值。2004年，美国学者康森·汉德森在他的著作《国际合作——世纪之交的冲突与合作》中指出，在后冷战时代，虽然合作的前景是光明的，但是它的合作模式和方法还不清楚。随着相关区域合作研究的拓展，区域非传统安全合作的价值逐步凸显。如金相圭(2018)在《韩、中、日危机与合作研究——以非传统安全领域问题为中心》一文中对中日韩三国的非传统安全危机合作展开专门研究；崔俊基(2013)在《超越历史:非传统安全合作与东北亚国际社会建设》一文中指出，非传统安全领域的合作可以为东北亚实现历史性超越提供重要的机会。

2. 国内非传统安全研究

国内非传统安全研究开启稍晚于西方，但近十余年有了显著的发展，内容涉及以下几方面：

(1)有关非传统安全内涵的探索。关于非传统安全的界定，2002年，党的十六大报告中提出："20世纪七八十年代以来，人们便把以军事安全为核心的安全观称为传统安全观，把军事威胁称为传统安全威胁，把军事以外的安全威胁称为非传统安全威胁"。王勇(1994)指出，最具威胁的对手消失，同时也带来了核扩散、武器扩散、毒品走私、难民等问题，这些问题正成为我

---

① BARRY B, OLE W. Regions and powers: The structure of international security, cambridge [M]. Cambridge: Cambridge University Press, 2003.
② MELY C A. An introduction to non-traditional security studies [M]. Califorma. SAGE Publications, 2016: 30-31.

国国家安全必须重点考虑的内容。俞晓秋(1997)指出,冷战后,国家安全观念的淡化使国家安全问题具有政治化、经济化、社会化、综合化、国家化五个特点。陆忠伟(2003)探讨了经济、文化、金融、石油、环境、水资源、恐怖主义、民族分裂、人口安全、毒品走私等17项非传统安全问题[①]。余潇枫(2020)揭示了狭义非传统安全的内涵,即一切免于由非军事武力所造成的生存性威胁的自由所具有的消极性,从广义层面将非传统安全界定为行为体间的优态共存。

(2)有关非传统安全的领域与议题的研究。在此方面,我国研究者产出了丰沛的成果。余潇枫(2020)为非传统安全研究引入了"场域安全"的视角,并总结了非传统安全的五大特征:问题的始发性、成因的潜在性、问题的复合性、传递的扩散性、治理的综合性。胡伯项(2017)就非传统安全研究的意识形态安全问题展开专门研究,探讨了我国经济、政治、文化现代化与意识形态安全的交互作用影响[②]。严励(2015)探讨了城市公共安全的非传统影响因素,揭示了恐怖主义、金融危机、交通安全、能源安全等城市公共安全的影响[③]。张亚明等(2021)对非传统安全事件网络群体集聚舆情传播与治理展开专题研究,分析了"情绪累积效应下非传统安全事件网络舆情传播模型",探讨了"自治-他治耦合下非传统安全事件微信舆情干预模型"和"重大疫情非传统安全事件网络群体集聚舆情传播治理策略"。

(3)有关非传统安全合作方面的研究。余潇枫(2020)认为,多种非传统安全问题都是"跨国的""全球的"、需要国际关系任何一个层次中的"自者"与"他者"的共同努力。所以,非传统安全要强调合作,要"打造利益共同体、命运共同体和责任共同体"。廖丹子(2021)从合作与治理的视角探讨了水危机的应对,论述了"国际合作与地区治理"和"发达国家与对外水援助"两方面的实践策略行动。

对非传统安全研究文献的梳理表明:该领域中外研究成果较为丰富,相关研究涉及国际关系与社会生活的多个方面。因此,在非传统安全视野下探讨高校学生事务风险管理的研究具有合理性和可行性。

---

① 陆忠伟.非传统安全论[M].北京:时事出版社,2003:1-8.
② 胡伯项,等.我国现代化进程中意识形态安全问题研究[M].北京:人民出版社,2017.
③ 严励.城市公共安全的非传统影响因素研究[M].北京:法律出版社,2015.

二、学生事务风险管理研究

学生事务风险管理是一个古老而又年轻的专题研究领域。因为,关于此议题的文献资料最早出现在20世纪80年代。但之后的百余年,相关研究一直未能在研究视角、研究方法与研究理论层面有所突破。直至近二三十年,该领域研究通过借鉴多学科理论而有所创新。俯瞰当前所获取的研究成果,尽管成果数量还不够丰沛,但呈现为以下三个较为明显的阶段:

第一阶段,从20世纪80年代至21世纪。该阶段所能检索到的文献非常有限,主要聚焦美国学生事务管理中的具体事务,如学生酗酒、学生学业发展不力等问题。该时期的研究侧重从教学与管理的视角研究探讨如何规避学生事务风险。

第二阶段,从21世纪初至2010年,该阶段研究文献数量有显著增长,但仍以英文文献为主,其所聚焦的研究内容除上一阶段的风险问题外,还拓展到多种学生身心健康风险,如肥胖、睡眠障碍、体育运动风险,以及抑郁、焦虑等心理问题。

第三阶段,从2010年至今,该阶段研究文献量继续增长,尤其是国内研究成果和研究内容显著增多。出现了诸如法律风险、就业风险、创业风险、人身伤害风险等一些新的研究议题。特别需要指出的是,借助非传统安全理论来探索学生事务风险问题的研究也开始崭露头角。

学生事务风险管理研究经历若干年发展,形成的相关成果分别聚焦于若干议题,以下将对应国内、国外成果分别展开梳理。

1. 国外学生事务风险管理研究

据笔者所获得的资料,国外相关研究大致聚焦以下几方面:

(1)酗酒问题研究。国外关于大学生风险的研究很多都关注了大学生的酗酒问题。1989年,史蒂文(Steven)等[1]在《饮酒风险管理调查概要》一文中对325所四年制大学的学生事务主管展开问卷调查,揭示出高校在管理

---

[1] ANDERSON D S. An assessment of alcohol risk management practices on the college campus[J]. NASPA Journal,1989:193-201.

学生酗酒风险方面的策略、程序、干预方式与开展反酗酒教育等方面的状况[1]。2002年,维克瑞等(2002)对大学生酗酒的问题、解决及预防方法进行了回顾,总结了为防止或减少大学生饮酒做出努力的例子,包括校园—社区联盟、环境管理和社会营销活动等[2]。菲尔顿(2022)等人对酒精相关问题与大学生睡眠质量和持续时间之间的关系进行了研究[3]。

(2)睡眠问题研究。2020年,贾辛萨等对美国和韩国大学生睡眠与肥胖的关系进行了研究。2014年,比林斯等对少数族裔大学生的睡眠竞争活动(导致大学生不健康睡眠模式的晚间活动)与睡眠问题展开了研究,发现大学人群的睡眠功能障碍比以前报道的要多。1983年,汉克斯等对大学生习惯性睡眠持续时间与头痛发生率之间的关系进行了研究,研究表明,习惯性睡眠时间和头痛之间存在着"剂量相关"(dose-relation)的反比关系,同时,随着习惯性的睡眠缩短时间,可能还存在其他与健康相关的问题。2019年,格鲁兹等对大学生身体活动和睡眠质量与心理健康的关系展开了研究,发现身体活动水平和睡眠质量与心理健康之间存在显著关联性。

(3)心理健康问题研究。国外学者对大学生的心理健康问题特别关注,包括心理健康问题的探究,抑郁、焦虑等心理情绪对大学生心理健康的影响等。2015年,佩雷德利等对大学生的心理健康问题和治疗注意事项进行了探讨,将父母纳入治疗,采用技术来提高个体依从性等。2015年,哈顿等对大学生抑郁、焦虑和应激的患病率及其相关性进行了研究,发现心理健康问题往往会阻碍大学生的成功,因此大学必须不断评估学生的心理健康状况,并针对他们的需求量身定制治疗方案。1981年,多步森等对抑郁和非抑郁大学生的解决问题的策略影响展开研究,结果表明,有抑郁倾向的大学生在解决问题时存在困难,并倾向于保守的问题解决风格。2021年,艾勒斯等关注处于学业危险中(at-risk)学生的心理健康,他们在研究中为四年制大学提

---

[1] JANOSIK S M, ANDERSON D S. Alcohol risk management survey summary[J]. NASPA journal,1989,26(3):193-201.

[2] VICARY J R, KARSHIN C M. College alcohol abuse: a review of the problems, issues, and prevention approaches[J]. The Journal of primary prevention,2002,22(3):299-331.

[3] FELTON J W, HAVEWALA M, MYERBERG L,et al. Rumination and corumination and their associations with alcohol-related problems and depressive symptoms among college students[J]. Ratemo cognitive-behav ther,2022,40:388-405.

供建议,基于一种多年的、混合的方法(a multiyear, mixed methods)对综合大学的过渡计划进行评估,并强调提供多种形式的主动支持服务的重要性。

(4)学业风险研究。2021年,凯瑟尔对处于学业危险中学生的学业状况和职业发展情况展开专门研究,他们认为应当通过为这类学生提供专业和职业的支持,以促进他们未来的专业和职业自我效能感的提升。2015年,霍顿等探讨了影响学生学习和成功的关键风险因素,主要从三个方面展开:背景特征、个体特征及环境因素,并提出了相应的解决建议。2011年,莱斯科也对导致学生延期毕业(retention)和危害平均学分绩点(GPA)的风险因素进行了研究,结果表明,高危学生的教学辅导和其自身的人格因素对他们的延期毕业率和大学平均学分绩点有显著影响,因此,研究建议高校应该为学生提供持续的辅导与支持服务,尤其是对于新生来说,高校应该提供各种服务帮助其更好地适应新的环境。2021年,艾勒斯等研究发现,学生群体,包括低收入的、少数族裔的,以及第一代(first generation)大学生,往往面临着不公平和较少的教育机会,受歧视和被边缘化,于是呼吁为这类学生提供一个包容性的学习社区,提高他们的参与度,从而提高他们的认同感和归属感。

2. 国内学生事务风险管理研究

(1)人身伤害风险研究。郭洁、郭宁(2020)就高校学生的人身伤害风险问题进行了深入探讨并提出了重构建议。秦玮(2015)总结高校学生人身伤害事故诱因,如交通事故、学业和社会压力、上网成瘾等。岳乾(2016)探究了事故过程中学校管理的权责关系。徐天骥(2015)、陆文龙(2015)、孔德民(2016)等人关注到高职院校学生在顶岗实习过程中出现的一系列风险问题并提出了规避三方风险的保险策略。

(2)体育运动风险研究。陈彩虹(2013)提出了大学生健身运动风险的类型:运动损伤、运动性疾病及其他不适。谢庆芝(2013)发现性别、年级、运动项目及运动时间等均为大学生运动风险影响因素。胡文文(2021)研究发现,大学生体质健康水平与运动伤害发生风险呈负相关。左海燕(2012)等人提出了大学生运动的风险预防策略。闫振龙(2019)认为应加强学校课外活动管理与监管、构建风险防控机制、增强风险防控意识等。

(3)法律风险研究。该方面的相关研究主要集中在学生创业中的法律风险方面,包括创业组织形式的选择、合同法律风险、知识产权法律风险、创业组织终止的法律风险研究等。苏海泉(2013)探讨了创业法律风险的规避与防范措施,包括构建大学生创业的风险防控与法律保障机制、建构系统的大学生创业法治保障体系及健全大学生创业的失业保障体系等来降低大学生的创业风险。廖芳(2021)认为需要从完善法制保障机制、优化课程培养机制、增加评估检验机制、跟进咨询辅导机制、引入司法执法观摩考察机制等方面着手,以提升高校学生的风险防范意识。陈源波(2018)呼吁应加强创业法律风险防范体系建设。余军(2008)对大学生就业法律风险管理进行探究,提出了事前防范、事中控制和事后救济,以事前防范和事中控制为主,以事后救济为辅的防范措施。

(4)创业风险研究。王锋(2011)将大学生的创业风险分为主观创业风险和客观创业风险。按照创业风险的内容划分,可分为技术风险、政策风险、市场风险、生产风险、管理风险和其他风险等。陈从军(2018)归纳梳理了关于高校学生创业认知风险的已有研究,构建了一个大学生创业风险认知的分析框架,发现了不同人口特征的大学生在创业风险认知上存在显著差异。谭福成(2016)认为性别、学历、学历背景、个人阅历、家庭背景、社会传媒等是影响大学生创业的重要因素。李炜(2017)根据工科大学生的特点,分析了当前工科大学生在创业过程中存在的风险,并为其规避创业风险提供建议,对提高创业成功率具有重要意义。缪克银(2012)关注到大学生创业风险意识薄弱,需要一定的方法来培养和提高。徐晓明(2013)的硕士学位论文从创新能力、机会识别与利用能力、风险认识与决策能力、社会交往能力、学习能力及组织领导与管理能力等方面对大学生的创业能力现状进行调查,分析其在创业能力方面的问题,提出了一系列针对性强、操作性强的对策。刘士伟(2018)等学者重新建立精度更高、速度更快、结果更加准确的大学生创业风险评估算法,从而提高对未来的风险进行预估的可靠性。

(5)就业风险研究。庄玮(2009)的硕士学位论文关注到农村籍大学生就业,认为农村籍大学生处于弱势地位,更容易陷入入行、失业或待业等风险。陆绍凯(2011)基于在校大学生就业风险进行了实证研究,对风险可评估性及对风险感知的影响机制进行探讨,构建了风险可评估性,分析型风险、感觉型风险和总体感知风险之间的结构方程模型。

(6)校园贷与信用卡风险研究。段军鹏(2019)以兰州理工大学技术工程学院为例,对大学生"校园贷"风险及防控进行了研究。王克岭、魏明(2018)等人基于感知价值与感知风险的视角对大学生网络借贷意愿影响因素进行研究,发现情感、功能、社会价值正向影响借贷意愿;平台不可靠、金钱损失风险负向影响借贷意愿。戴丽群(2016)对大学生网络借贷平台潜在用户的感知风险进行了研究,总结出大学生网络借贷平台的管理和营销,关键在于明确各类风险对整体感知风险的影响,并考虑熟悉度和用户使用意愿对其感知风险的影响。朱迪(2019)对大学生的信贷消费进行实证分析,总结了当代大学生的信贷消费与"校园贷"风险,发现家庭背景或高等教育背景较弱势的大学生是"校园贷"高风险人群。张成洪(2021)结合校园"一卡通"数据与学生网贷数据对大学生校园消费与网贷行为的关系展开实证探究,为"校园贷"监管方面提供了政策参考。吴斯茜(2018)在其硕士学位论文中对"校园贷"背景下大学生消费观进行了研究。迟春娟(2007)、于永勃(2010)等人评估了大学生的信用卡风险。武琦(2010)分别从大学生对信用卡的认知行为、持卡行为、消费行为、还款行为、潜在需求等五个方面分析了大学生信用卡的风险来源和特征。

(7)自杀风险研究。楚江亭(2015)从风险社会的视角,系统探讨了大学生自杀意念产生的主要影响因素,发现"意义感、信任感、安全感的缺失"对自杀意念产生显著影响。杨振斌(2013)研究发现疾病、家庭问题、学校负性事件及不良性格是大学生自杀的主要原因。杨雪龙(2010)、吴彩虹(2013)对大学生自杀风险的评估进行研究,前者试图通过构建风险评估工具来评估,而后者则关注大学生自杀者自身身心健康风险评估和大学生自杀防控管理风险评估。秦艺文(2021)等人探讨生命意义感在大学生心理扭力与自杀行为风险之间的中介作用。王中杰(2022)等研究了儿童期情感虐待与自杀风险的关系及反刍思维的中介作用和情绪调节自我效能感的调节作用。

(8)心理健康风险研究。杨雁(2014)评估大学生生理健康(身体健康、亚健康)风险,为高校开展针对性的健康教育提供了相关依据;还有几位学者从大学生的抑郁、焦虑等情绪出发(何瑾,2014;朱卓妍,2022),探讨大学生的心理健康问题。安连超(2022)等人在研究中探讨了重大突发公共卫生事件下,心理弹性和风险感知对大学生焦虑情绪的作用,并据此建议高校心理健康教育应加强培养学生的心理弹性,从而降低大学生的焦虑情绪。吕勇(2020)、刘凯明(2019)等人在其硕士学位论文中分析了大学生情绪与风险决策之间的相关性,发现情绪状态和情绪调节策略共同影响大学生的风险决策。

(9)非传统安全视野下的学生事务风险管理研究。从2010年开始,我国国内非传统安全观视野下高校管理研究逐步兴起,其内容既涉及一些基本理论问题,同时也关注到高校管理的多个方面。如宋胜男(2010)在"高校安全形势的非传统安全问题分析及应急管理措施"一文中对高校非传统安全问题的基本内涵和关键成因进行了探讨,并针对当前所面临的挑战提出了应急管理措施"完善防控机制",将高校非传统安全问题置于全社会的统一预防、处置机制之下。刘德海等(2012)在《非传统安全视角下我国高校突发事件应急管理研究》一文中分析了传统安全因素和非传统安全因素校园突发事件的主要特征,审视了我国该领域突发事件应急管理的现状和问题,提出"基于学校党政领导—辅导员—学生干部"的高校突发事件应急管理体系明显滞后于形势发展。程贵龙(2016)在《非传统安全视阈下高校学生网络舆情管控机制研究》一文中探讨了进行信息管控对国家安全稳定的重要意义,提出"高校应建立三级网络舆情监控体系"。问鸿滨(2011)在"普通高校非传统安全现象分析"一文中指出加强普通高校非传统安全教育的必要性,提出开展国防教育课程是实现这一目标的重要途径。徐向群等(2012)在"当前部分高校大学生群体对我国非传统安全问题的认识及其教育对策"一文中归纳了当前高校非传统安全问题的类型,提出高校管理中应强化综合安全意识,突出文化安全教育和创新大学生非传统安全教育形式。

对学生事务风险管理相关文献的梳理表明,当前该领域已经积淀了较为丰富的成果,其主体涉及学生身心健康、学业发展、生活稳定、职业发展等多个方面。此外,基于一定的理论视野,如非传统安全视野,来探讨高校学生事务某项具体问题的研究也开始逐步兴起。

第二章　非传统安全视野下的高校学生事务风险及其治理

非传统安全理论涵盖了若干理论流派,尽管它们各自的关注点与具体的主张存在差异甚至对立,但这并不妨碍它们呈现出一些共性的特征与发展趋势。此外,随着非传统安全理论的逐步成熟,其有望发展为一个能突破特定研究领域的局限性,更具普适性的理论分析工具。

第一节　非传统安全研究及其当代贡献

一、非传统安全概述

探讨非传统安全,首先需要理解传统安全,而这二者都与安全直接相关。安全是人类社会发展进程中所追求的一种生存状态,可以是主体对客观环境的一种感受,即没有威胁、危害及恐惧。也可以是指安全主体处于不被打扰,不被威胁,没有潜在危险的状况中。安全还可以是人类对于自身状态的一种放心程度,即自身不受外来力量的支配和胁迫。安全还可以是人类对自身生存及未来发展充满信心的状态或表现[1]。

英国伦敦政治经济学院的国际安全研究专家巴里·布赞将有关"安全"的概念梳理为三类:①威慑、战略、遏制(这组概念将安全与国际战争与争霸状态相联系),②权利、主权、认同(这组概念将安全与国际政治关系相联系),③和平、风险、紧急事件等(这组概念将安全与国家、社会层面的棘手问题相联系)[2]。巴里·布赞前两层次的概念描述了我们传统概念上的安

---

[1] 秦冠英.非传统安全视域下的恐怖主义犯罪研究[M].北京:法律出版社,2018·19
[2] 布赞,汉森.国际安全研究的演化[M].余潇枫,译.杭州:浙江大学出版社,2011:16.

全,第三组概念则超越了传统安全内涵,包容了当前社会生活中的战争、冲突、危机和不安定事件,从而体现出非传统意义上的安全内涵。上述对安全概念的梳理虽然能一定程度展现安全概念内涵的丰富性与发展性,但在帮助人们明确区分传统安全与非传统安全的内涵方面却依然存在不足。

界定非传统安全还可以循着另一种路径,即对比传统安全研究,将所谓不同于传统安全研究的理论流派,如环境安全研究、国际政治经济学安全研究、地区复合安全理论、批判安全理论、人的安全理论、建构主义安全理论、女性主义安全理论、后结构主义安全理论、后殖民主义安全研究等均纳入非传统安全理论的范围内。然而,这种看似最广泛意义上界定非传统安全的方式却存在不足,因为这一方式缺乏一个规范的界定标准,从而无法形成一个有意义的学术概念。为此,李开盛、薛力归纳了安全研究领域的五大基本问题:①安全的指涉对象,即国家、个体还是人类共同体的安全;②主导的安全价值,是领土完整、主权独立,还是经济福利、社会团结与认同等经济与社会安全价值;③威胁的来源,战争、冲突、疾病还是其他来源;④安全的责任主体,是国家、个人、非政府组织,还是全球性国际组织;⑤实现安全的方式,是通过军事与外交手段,还是通过经济发展来实现安全。李开盛、薛力认为,在所有安全理论中,安全的指涉对象与主导价值是两大基本问题,对这两个问题的回答,决定了传统安全理论与非传统安全理论的分野,即在指涉对象上强调国家安全,在主导价值上强调军事与政治安全的是传统安全理论,而在这两个问题上,与传统安全理论存在不一致的则为非传统安全理论。由此可见,现实主义、哥本哈根学派、批判安全、人的安全、女性主义等流派都能被纳入非传统安全理论[①]。

二、非传统安全流派的核心观点

李开盛、薛力认为,哥本哈根学派、批判安全、人的安全、女性主义等流派,在安全的指涉对象上突破了对国家安全的固守,在安全研究的主导价值

---

① 李开盛,薛力.非传统安全理论:概念、流派与特征[J].国际政治研究,2012,33(2):93-96.

方面也超越了军事与政治安全的狭隘认知,故其都能被纳入非传统安全理论[①]。对非传统安全相关理论流派及其观点的梳理,将为我们全面理解当代非传统安全理论的基本内涵、历史渊源、社会生发基础,提供必要的背景知识。

(一)哥本哈根学派

哥本哈根学派(Copenhagen School,CoS)的代表人巴里·布赞最初的研究非常关注国家安全,冷战结束前后,他开始将研究视野超越国家中心主义。在其1991年再版的代表作《人民、国家和工具》中,布赞将安全主体向下延至个人,向上延至国际体系,并随着他在该领域研究的进展,最终将关注点放在了区域层次[②]。在主导安全价值方面,以布赞为代表的哥本哈根学派提出了一个更具包容性的安全框架,该框架将军事、政治、经济、社会和环境这五个领域都纳入其中,而非仅仅关注军事和政治领域。哥本哈根学派虽然承认国家安全的中心是政治和军事领域,但不否认有来自社会、经济、环境等领域的行为主体和作用机制。此外,哥本哈根学派还认为,尽管个人安全、国家安全、国际安全、军事安全、政治安全、社会安全、经济安全和环境安全均有其独特内涵,但对它们中任何一种安全的全面理解必须建立在与其他某种安全相联系的基础上[③]。故由以上内容可知,哥本哈根学派不仅拓展了安全主体的范围与类型,同时也使对安全的理解拓展到国家与社会运行的多元领域。当然,我们也要承认,哥本哈根学派未能开启通向人的安全和综合性安全的研究道路,但他们的相关分析却为我们理解安全研究的相关特征,突破对安全的狭隘界定做出了积极贡献[④]。

---

① 李开盛,薛力.非传统安全理论:概念、流派与特征[J].国际政治研究,2012,33(2):93-96.

② 布赞.人、国家与恐惧:后冷战时代的国际安全研究议程[M].闫健,李剑,译.北京:中央编译出版社,2009:344.

③ 布赞.人、国家与恐惧:后冷战时代的国际安全研究议程[M].闫健,李剑,译.北京:中央编译出版社,2009:32.

④ 余潇枫.非传统安全概论(第三版·上卷)[M].北京:北京大学出版社,2019:99-100.

(二)批判安全研究

批判安全研究(critical security studies)这一术语于1994年5月在加拿大多伦多举办的一次国际学术会议上被首次应用。相对哥本哈根学派,批判安全研究更为激进。首先,它致力于从根本上改变人们对安全的认识。它将安全作为一个派生的概念,认为应探索"安全"背后更为本源性的内容。具体讲,该流派研究者认为安全更为本质性的概念是解放。这里的解放是指"个体和集团免于受到那些阻碍它们自由选择权的物质与认识束缚影响"的状态。此外,批判安全研究的另一特点是,它把共同体而非国家当作是实现安全的责任主体。早在掀起批判浪潮之初,安德鲁·林克莱特(Andrew Linklater)就强调,批判理论旨在追求人类的解放,而与人类解放联系最大的一个问题是:要动摇新现实主义对国家的界定。这就需要从理论上重视对国家理论的超越和对更高一级政治共同体的合理性论证[1]。布斯将这种共同体称之为"解放共同体"(emancipatory community)。这种共同体是个体间基于共同生活伦理认知之上的自由组合,它通过提供关于认同、观念、支持与社会的一系列区别性网络来把人们联系在一起。而且,这样的共同体应该是多元而非唯一的[2]。此外,批判安全研究者们质疑传统安全理论的客观真理性,认为其只是在维护既得利益者的利益。他们认为国家安全、军事安全、主权、威慑等是传统安全途径中最主要的元素。而传统安全观所关注的上述安全要素也无法代表人类真正需要的安全诉求。批判安全研究者主张把边缘的声音从权利的重压下释放出来,要为这些声音背后的穷人、弱者、无人代言者和无权无势者代言[3]。由以上内容可知,批判安全研究将安全问题的影响主体从国家主体指向拓展到其他个体与群体(特别是在社会中处于不利地位者)主体指向,将安全的内涵从主权国家军事、政治领域的"宏大"利益损害导向对个体自由选择权的剥夺这一更为具体、微观的利益

---

[1] 阎静.国际关系批判理论和政治共同体的转型:一种林克莱特三重视角的诠释[J].世界经济与政治论坛,2009(5):114.

[2] 李开盛,薛力.非传统安全理论:概念、流派与特征[J].国际政治研究,2012,33(2):98-99.

[3] 余潇枫.非传统安全概论(第三版·上卷)[M].北京:北京大学出版社,2019:104-105.

损害,将对安全问题的治理主体从各个主权国家发展为超越国家界限的"共同体"。批判安全研究在更广域地识别安全问题,更有效地治理安全问题,消解安全风险危害方面取得了重要突破。

(三)女性主义

多数女性主义者的一个基本观点是:性别本身是一种社会建构,即传统的性别社会化中,男性被赋予积极、理性、独立、主动、统治、支配等特质,由此,其活动场所被设定在公共领域;妇女被赋予消极、感性、依赖、被动、被统治、被支配等特质,由此,其活动场所被限定在私人领域[1]。为了纠正传统安全研究对女性的忽视,女性主义者从以下几方面揭示了女性与安全事务的关系:第一,女性是战争与冲突中的特殊受害者。因为在现代战争中,由于前方与后方并没有一个明确的界限,相比男性,妇女更容易遭受攻击和伤害。第二,性别等级制度影响女性群体的安全。女性主义者指出,正是包括性别等级制在内的社会等级制导致了冲突、不平等和压迫的存在。所以,实现妇女的安全,有助于实现国家的安全。第三,强调女性在国际安全事务中的实际作用。女性主义者强调冷战中推着婴儿车通过柏林墙的母亲身上所体现的国际现实,女佣收入对出口为导向的一国经济战略的影响,并申明到20世纪末,在有些国家,随着女性士兵地位的提高,她们在军队中发挥着越来越重要的作用[2]。女性主义研究者认为,传统安全理论看起来在性别上是中立的,事实上却加入了性别化的假设与论述,因为其权利、主权和安全的概念是依据男性特征视角来制定的。而借助于对女性与安全关系的分析,女性主义研究者意识到,要打破公共领域与私人领域、国际领域和国内领域之间的界限,就需要把女性的经验与视角引入国际安全研究中。由以上述评可知,女性主义在呼吁当代社会应更为关注女性群体的安全问题的同时,又以其独特的观察视角与叙事方式揭示出传统安全研究中所隐藏的性别霸权这一不足。因此,女性主义为更好联结传统安全与非传统安全,为突破从传统安全到非传统安全的发展桎梏做出了重要探索。

---

[1] 李开盛,薛力.非传统安全理论:概念、流派与特征[J].国际政治研究,2012,33(2):100-101.

[2] REBECCA G. The quagmire of gender and international security[M]//International security (Volume Ⅱ), London: SAGE Publications, c2007:248.

(四)人的安全研究

人的安全(Human Security)的具体概念来自1994年联合国《人类发展报告》(human development report)。作为一个由联合国正式倡导的政策概念,人的安全得以进入国际社会的政策议程。然而,在各种政策文本中,人的安全虽然已成为一个突出的概念,但其具体内涵却远未能达成一致[1]。此外,从20世纪90年代初起,研究者对人的安全研究的兴趣不断提升,但关于人的安全内涵的分歧也一直存在着。有研究者从人的安全与国家安全的区别角度,对该概念给予界定:所谓人的安全研究是将人而非国家作为最主要的安全指涉对象,并认为国家安全最终的目标是为了达成个人的安全,国家是其公民安全的首要提供者,是实现个人安全的工具,而非安全的目的[2]。尽管这一将安全政策和分析的指涉对象确认为个体(人)的理解能为该流派多数研究者所认同,但他们之间关于应保护个体免于何种威胁方面却存在两种主张。第一种主张把人的安全宽泛地定义为免于匮乏的自由(freedom from want),另一种主张把人的安全界定为免于匮乏的自由(freedom from threats)和免于恐惧的自由(freedom from fear),前者——免于匮乏的自由——关注暴力问题之外种种安全问题的紧迫性,而后者——免于匮乏的自由和免于恐惧的自由——也意识到过于宽泛的界定对政策制定者是没有意义的。[3] 阿查尔欣赏一些国家的政府将人的安全理解为更为宽泛的"免于匮乏的自由"的努力,但也指出,如果缺失了"免于恐惧的自由","免于匮乏的自由"则无法有效实现[4]。人的安全研究者们认为,国际社会所采取的政策应从传统的国家中心框架,转变为更全球化、道德化的人的安全框架,国际社会应变得更加正义、民主和以受害者为中心,而非只关注政治稳定和秩序,应

---

[1] 余潇枫.非传统安全概论(第三版·上卷)[M].北京:北京大学出版社,2019:102-103.

[2] KANTI B. Human security: concept and measurement[J]. Kroc institute occasional paper, 2000,8:37.

[3] 李开盛,薛力.非传统安全理论:概念、流派与特征[J].国际政治研究,2012,33(2):102.

[4] 阿米塔夫·阿查亚.人的安全:概念及应用[M].李佳,译.杭州:浙江大学出版社,2010:40.

通过国际法、人道主义干涉和全球政治原则来推进正义与和平①。由以上内容可知，人的安全研究突破了传统安全研究的宏大叙事，将安全研究的指涉对象聚焦于个人与个人最重要的利益实现。这不仅为安全概念赋予了新的内涵要素，同时也为非传统安全研究的丰富、完善贡献了赋予生命力的新维度。

除了上述的几个主流理论流派之外，非传统安全研究领域还存在其他的一些流派，如综合安全、后结构主义、后殖民主义等。所有这些理论流派的发展交融，为非传统安全研究产出了丰富的成果。对此，琳娜·汉森在评论非传统安全研究的特征时说，该领域的研究视野已经突破了传统的军事和国家中心主义。她同时也承认，不同研究流派间在安全的指涉对象、安全内涵所涉及的社会领域，以及在对安全内涵的理解等方面存在差异②。不过这并不妨碍该领域研究体现出一些共性的内容。这体现在以下几方面：第一，非传统安全理论重视人的安全，将人的安全地位提升到了一个前所未有的高度。在此方面，人的安全研究和批判安全研究是直接以人，特别是个体为安全指涉对象。而哥本哈根学派和女性主义虽然未直言其所关注的是"个体"，但也在阐述安全指涉对象时超越了国家的局限。第二，非传统安全关注不同安全领域之间的联动性。这一点正如前联合国秘书长安南曾指出的：世界上的各种威胁已经深深地联结在一起。第三，非传统安全理论普遍主张合作安全与共同安全，反对不同安全主体之间的利益零和性和安全的相对性。例如，批判安全研究认为，以牺牲他人为代价而获得的安全是不稳定的安全，通过使用武力和威胁而维持的安全也是不稳定的安全③。

对非传统安全理论流派观点与主张的梳理，能降低学术界关于该领域研究是否存在内部无法有效整合，且由于研究对象的复杂性和研究者来源的丰富性而难以呈现共性特征的不足的误解。此外，非传统安全研究的兴起不仅突破传统安全研究的种种狭隘性，同时也为我们理解人的安全及国

---

① 余潇枫. 非传统安全概论（第三版·上卷）[M]. 北京：北京大学出版社，2019：102-103.
② 琳娜·汉森. 非传统安全研究的概念和方法：话语分析的启示[J]. 世界经济与政治，2010(3)：90.
③ 李开盛，薛力. 非传统安全理论：概念、流派与特征[J]. 国际政治研究，2012，33(2)：104-106.

际国内社会中种种安全现象与安全问题的核心本质提供了更具包容性的理论工具。

三、非传统安全研究的当代理论贡献

非传统安全研究的不断深入,引发了人们对如何更好处理人的安全与国家安全间关系的关注,拓展了安全议程的边界[①]。这些变化为安全研究自身的开拓性发展注入了新的动力,此外,也能为支持当代其他领域研究的发展贡献有益的理论元素。

(一)非传统安全研究拓展了安全概念的内涵

传统安全研究将安全视为国家利益不受威胁、侵犯和侵夺的状态,视为国家始终能保护自身不受破坏和侵害的状态。这种对安全的理解侧重于从不同国家主体间的竞争、对抗的角度认识安全的本质,从而使安全与摆脱侵犯、威胁的状态,或者是摆脱上述不利状态的能力相联系。非传统安全研究则突破了传统安全研究的种种局限性,并积极汲取后者的有益元素,从而使自身研究的范围不断拓展,安全概念也得到不断丰富与深化。

作为更趋向于传统安全理论的流派,新自由主义与理想主义,这二者基于维护国家主权与避免侵略战争的目标来建立安全观,认为安全是通过订立国际公约,建立国际合作机制,增进主权国家间的信任,建立和谐的国际关系来实现的。此外,由于国家主权是有限的,国际社会应当建立统一的集体安全体系,各国在法律条约的范围内,对于任何时间、任何地点、任何国家发生的侵略事件和行为做出反击和制止。新自由主义与理想主义安全观将安全更多地理解为国际社会各主体约定规则、合法行动而呈现出的一种和谐、合作、有序、远离暴力的关系状态。而同样是倾向于传统安全的建构主义和现实主义,前者将制度、规范、条约机制等非物质因素引入了安全领域,认为安全是国家之间通过建立安全合作机制,实现有效合作,即将安全理解为通过建构国家主体间的相互信赖,实现冲突消解的动态过程。后者认为,安全首先是指军事安全,因为国与国之间始终存在相互的威胁与竞争,国际社会的安全完全依赖于军事权力。此外,还必须考虑国家的经济安全。尤

---

① 李开盛,薛力.非传统安全理论:概念、流派与特征[J].国际政治研究,2012,33(2):107.

其在全球化视野下,只有将国家经济状况包含在国家整体实力范围之内,才能使国家获得更大的安全。

人的安全研究的兴起,使人的权利与福祉受到空前关注,并为突破传统安全内涵中的认识桎梏提供了有效武器。人的安全研究将安全理解为人类社会的安定有序,人类自身的生存不被威胁和侵犯的一种状态。在该流派最具代表性的文献——1994年联合国开发计划署《人类发展报告》中,阐述了人的安全的七个要素,即经济安全、粮食安全、健康安全、环境安全、个人安全、社区安全和政治安全。鉴于开发计划署推广行动的范围广泛,对人的安全的简洁界定最终发展为免于恐惧的自由(freedom from fear)和免于匮乏的自由(freedom from want)[①]。人的安全研究不仅将安全从对主权国家、政治共同体的利益维护转移至对个人与人类群体的生存状态的观照,更将安全的内涵拓展到与人的生存、权益密切相关的多元社会领域。

共享安全观提出了共享安全的概念,它是以人的生命为价值基点,以人类共和为价值原则,以相互信任、合作为实践路径,以共赢共享为价值目标的一种安全呈现状态。该理论流派最核心的关注点是要解决人类社会普遍存在的异质性冲突,包括文明、文化、宗教、民族、社会等领域的冲突,也包括因历史、地缘、利益、资源、制度、方式,甚至误解引起的冲突[②]。共享安全观不仅强调了安全的核心内涵是消除普遍存在的一致性冲突,同时还将安全概念下沉到更为微观而活跃的亚社会分类领域。

非传统安全研究的不断兴起使安全研究的范围更为拓展,视野更为宏大,在这同时所触及的研究议题更为丰富、细化,实现了安全概念从主权国家的军事、国防、政治领域拓展到国际社会、区域合作、经济、民生等多重领域,甚至还深入到文化、宗教、民族等亚社会分类领域等人类福祉的不同维度。非传统安全研究视野下的安全内涵的强大包容力,将为在不同层次、不同领域开展的安全研究提供合理性辩护。

(二)非传统安全研究展现了安全主体的多层次性

传统安全理论认为安全的建立应当以国家为主体和对象,地区间的安

[①] MELY C A. An introduction to non-traditional security studies[M]. Thousand Oak: SAGE Publications, 2016: 30-31.

[②] 秦冠英. 非传统安全视域下的恐怖主义犯罪研究[M]. 北京:法律出版社,2018: 20-21.

全和全球安全,均是国家安全的延伸。在这一思维框架下,安全主体被局限于主权国家。所幸,各个非传统安全研究流派的逐步发展正不断超越这一认识局限。

人的安全研究是为突破上述认识桎梏做出重要贡献的非传统安全研究中的一个重要流派。1994年,联合国开发计划署发布的《人类发展报告》借用已故巴基斯坦发展经济学家马赫布卜(Mahbub ul Haq)一篇论文草稿中的观点,向人们提出了一个需要迫切回答的问题:为了谁的安全(security for whom)？安全是应关注主权国家的安全,还是处于种种生存威胁与不幸境遇中的人类个体和群体？报告中还首次提出了人的安全的两个主要方面:免于饥饿、病痛与压迫的长期威胁,防止日常生活方式的突然与伤害性破坏——不论是在家庭、工作场所还是社区[①]。人的安全研究的崛起使个人与特定群体成为非传统安全视野下的安全主体。

除人的安全研究外,非传统安全研究中的建构主义、共享安全等流派不仅突破了以国家主权为中心的安全理论范式,更尝试从全球安全角度来审视各国在安全体系建构等方面做出的努力。此外,建构主义和共享安全还主张国家、社会的安全体系的建构不能纯粹以国家为主体,还应当包括个人、非国家组织体、集团等。

非传统安全研究将国家主权为中心的安全理论拓展到关注影响整个人类社会发展的各个领域[②]。这使其从两个方向实现了对传统安全研究的拓展:其一,能在更为广阔的视野下、更为多元的领域内探讨安全问题;其二,能指向更为细化的某一分支领域或更为专门性的研究问题,开启相关探讨。伴随上述发展进程的是,非传统安全视野下的安全主体具有了类型的多层次性,即从主权国家向区域性政治实体,乃至全球社会这些更为上位的安全主体类型拓展,与此同时,亦向主权国家内、外部的非国家组织体、集团、人类群体、社区、人类个体这些更为下位,或者更为专门性的安全主体类型发展。非传统安全研究中所呈现的安全主体类型不断泛化的这一趋势,将为在不同层次、不同领域、不同学科中确立新的安全主体,进而聚焦不同类型

---

① MELY C A. An introduction to non-traditional security studies[M]. Thousand Oak:SAGE Publications,2016:30-31.

② 秦冠英.非传统安全视域下的恐怖主义犯罪研究[M].北京:法律出版社,2018:22.

的安全主体展开相关安全研究提供合理性依据。

（三）非传统安全研究揭示了当代安全问题的特质

随着非传统安全研究范围的不断扩大，其包容的安全问题（security issues）的类型与影响范围的层次也不断扩展，在这一过程中，非传统安全问题的特性也开始被不断识别，余潇枫对此做出以下几方面总结：

第一，安全问题的始发性。非传统安全问题往往是过去很少见到，或过去根本没有见到过的，但现在变得越来越普遍的问题。西方学者用"非常规安全""非传统威胁""非传统问题"和"新威胁"来指称非传统安全问题。例如，环境问题、移民问题可能一直都存在，但在当代则变得越来越普遍化或严峻化。日本成年人"家里蹲"现象是现代社会发展中的新问题，此类问题当前也在多国社会中开始出现。

第二，安全问题成因的潜在性。非传统安全威胁来源隐蔽、多样、复杂，暴发时间和地点存在着极大的不确定性，其往往以突发性事件或灾害、灾难的形式出现，不仅在当时造成了巨大危害，其不良后果还会在之后很长一段时间持续存在。还有一些非传统安全问题是从传统安全问题逐步演化而来的，如一些地区经历了战争与争端，之后就会滋生恐怖主义、非法移民、社会动荡等。

第三，安全问题的复合性。非传统安全是宽广领域的复合型问题，可能涉及经济、社会、文化、环境、网络、太空等多元领域，与风险危机、紧急状态、日常生存性威胁等多种问题相关。非传统安全问题所造成的影响可能会危害到国家、地区、组织和个体的利益。

第四，安全问题传播的扩散性。非传统安全问题多为涉及地区安全、全球安全和人的安全的问题，或者由一国内部非军事和非政治因素引起并影响各国安全的跨国性问题，这导致非传统安全问题具有蔓延性与扩散性。如网络黑客攻击可能导致全世界范围内的网络异常，导致个人、国家、各类国内与国际组织正常活动遭遇冲击[1]。又如，新冠疫情的暴发使人类社会进入后疫情时代，每个个体都不得不调整自己惯常的生活与工作方式来适应这一时代剧变的压力。

---

[1] 余潇枫.非传统安全概论（第三版·上卷）[M].北京：北京大学出版社，2019：30-31.

对安全问题多重特性的揭示,为更好地识别当前社会生活中各类潜在和初始的安全问题,充分预期安全问题本身的复杂性、扩散性,从而积极应对非传统安全问题,降低其危害性提供了理论指引。

(四) 非传统安全研究探讨了积极治理当代安全问题的策略

当代非传统安全问题所具有的复合性与扩散性的特质,使其具有极大的破坏力与很强的蔓延性,这就要求各国必须通过与他国,与各类国际、国内组织间的合作才能有机会应对非传统安全问题所造成的危机和挑战。另外,各类非传统安全问题之间存在相互作用、相互诱发的现象,这将会对人类命运共同体的多元利益造成危害。而要有效应对这一状况,就需要进行跨国、跨领域的综合治理,多元维护[1]。还需要特别关注的是,针对那些也已暴发,且造成严重负面影响或危害性的安全问题,如人权问题、反腐问题、环境问题等,随着其危害性的不断加大,将导致各类组织,如国际组织、区域性组织、国内组织乃至私人部门等,都遭受不同程度的利益损害。这也引导上述不同类型的组织会聚焦某类非传统问题而逐步孕育出一个利益共同体(stakeholders)。在该共同体内的各类组织之间将展开探讨、合作,以便针对安全问题采取积极、有效的合作治理行动。而这一过程又促进了针对非传统安全问题的治理共同体的诞生[2]。

非传统安全研究所贡献出的利益共同体和治理共同体的观点,为我们充分预期安全问题危害的广泛性、治理的艰难性提供了警示,更重要的是,随着对当代社会安全问题危害性的充分认识,积极探索整合多元主体,以共同体的合力来消弭安全问题危害性正在成为一种共识。

第二节 非传统安全视野下的高校学生事务风险

非传统安全理论正在加深人们对当代安全主体的多类型性、安全风险的多元性、安全问题危害的弥散性与安全治理共同体日趋形成等变化趋势

---

[1] 余潇枫. 非传统安全概论(第三版·上卷)[M]. 北京:北京大学出版社,2019:31.

[2] MELY C A. An introduction to non-traditional security studies[M]. Thousand Oak:SAGE Publications,2016:36−37.

的认识。所有这些将为合法确认高校学生事务管理领域及该领域特殊人群的安全主体地位,充分识别后疫情时代该领域所面临的多元风险,并在此基础上探索全面、有效的风险应对策略提供宝贵的理论指引。

一、非传统安全视野下的高校学生

非传统安全视野下的高校学生群体及该群体中每一位个体,作为安全主体,在充分获得人的安全保障方面还需不断加强。特别是在新冠疫情暴发后,他们或他们中的一部分,短期内会在免于恐惧的自由方面遭受威胁,更会在之后长期免于匮乏的自由方面面临困境,为此,积极维护高校学生人的安全这一问题,必须受到当代社会的更多关注。

(一)高校学生安全主体地位的确认

对高校学生的安全主体地位的确认得益于以下两方面的发展。首先,从传统安全研究向非传统安全研究演进的过程中,对安全主体的理解正在不断深化。这体现在,安全主体可以指涉主权国家、区域性政治实体、全球社会等这些超级主体,亦可对标非国家组织体、集团、人类群体、个体、人类社区等较为微观、边界明确、指向具体的安全主体。非传统安全研究中所呈现的安全主体类型不断泛化这一趋势,正是确认高校学生安全主体地位的合理性依据之一。其次,联合国开发计划署1994年《人类发展报告》中做出了为了谁的安全的发问,这也引发了人们关于安全究竟应关注主权国家的安全,还是处于种种生存威胁与不幸境遇的人的思考。而伴随着之后对这一问题认识的不断深入,将人作为安全的指涉对象,将个人或特定人群确认为安全主体就成为人的安全研究的重要标志[1]。这为确立一定社会或某一领域的某类群体、个体享有安全主体地位提供了合法性辩护。以人的安全的观点审视高校学生事务管理领域的服务对象——高校学生,他们可能因种种内、外部不利因素而承受着风险损害或陷入权益侵害的不利状况。但这种不利境况本身及其可能进一步诱发的对当事人短期及中长期的人的安全的威胁,却并未得到充分的识别和应

---

[1] MELY C A. An introduction to non-traditional security studies[M]. Thousand Oak:SAGE Publications,2016:33-34.

有的关注。鉴于此,当前及时确认高校学生的安全主体地位,不仅可以借助人的安全的标准更好审视高校学生的生存状态,剖析其可能面临的种种安全危害与威胁,并且这一剖析的过程及其结果,还将有助于引发家庭、院校、社会对高校学生群体不利生存状态的更多关注,从而能在未来不断降低该群体面临的安全风险危害。鉴于此,确立高校学生的安全主体地位具有理论与现实的合理性与迫切性。

(二)当代高校学生面临人的安全风险

1994年,联合国开发计划署发布的《人类发展报告》。首次提出人的安全的两个主要方面:免于饥饿、病痛与压迫的长期威胁,防止日常生活方式的突然与伤害性破坏——不论是在家庭、工作场所还是社区。该报告还总结了人的安全的七个要素,即经济安全、食品安全、个人健康安全、环境安全、人身安全、社区安全、政治安全。此后,为便于有效传播人的安全的理念,联合国开发计划署将人的安全特别概括为两方面,即:免于恐惧的自由(freedom from fear)和免于匮乏的自由(freedom from want)[1]。在不同历史时期,不同国家与地区关于实现人的安全的上述两方面(尤其后者)的标准存在差异。但在当代,所谓免于恐惧的自由,通常指避免个体陷入那些可能导致其陷入生命与健康威胁的情况。如因公共卫生事件、意外冲突、投毒等暴力或犯罪事件而遭遇不利或不幸;所谓免于匮乏的自由,通常指避免个体陷入可能危害其生存的各种物质缺失,如避免衣食住行的不周、医疗保障的不足,避免个人尊严的损害等[2]。上述两个标准的建立,为理解当代人的安全的内涵提供了基本依据,并为在不同国情、不同社会文化背景下,积极推进人的安全的实现提供了方向。

以上述两个标准来审视当前我国高校学生群体的生存状态,亦能识别该群体可能承受的人的安全的威胁,而这一点在后疫情时代背景下显得更为突出。首先,疫情的肆虐在最初可能导致高校学生在"免于恐惧的自由"方面受到严重威胁。疫情所带来的公共卫生危机,会危害当事学生的

---

[1] MELY C A. An introduction to non-traditional security studies[M]. Thousand Oak: SAGE Publications, 2016: 30 – 31.

[2] MELY C A. An introduction to non-traditional security studies[M]. Thousand Oak: SAGE Publications, 2016: 9 – 11.

身心健康与生命安全。此外,由于学生身处人群密集的校园环境中,在疫情初发期一旦感染新冠病毒,将使其个人身体健康和生命安全遭受威胁。且疫情管控期间,学生被封闭于校园,甚至是宿舍中,这可能使高校学生陷入心理危机状态,从而危害他们的心理健康,进而诱发人身伤害事故。所有这些将可能使高校学生(尤其身心脆弱的高危个体)的"免于恐惧的自由"遭受危害。其次,疫情暴发所引发的直接和间接风险,还可能进一步危害高校学生"免于匮乏的自由",使他们(尤其身心脆弱或处于相对不利境况的个体)遭遇个人经济状况不利,物质资源匮乏、个人尊严受损等。这包括:由于疫情导致整体社会经济低迷,就业岗位缩减,导致高校毕业生难以获得相对满意的职位。当毕业生们不能正常(或理想地)就业,他们可能会选择啃老,从而使自己处于更为不利的社会经济状态,不仅无法获得外部社会的尊重,亦无法建立自尊与自信。此外,考虑到当前我国社会风险保障体制尚不完善,疫情在危害高校学生个体人的安全的同时,还会使这种风险和危害波及其所在家庭,从而进一步恶化当事者的生存状况,加大其陷入各类人的安全风险的可能性。故此,必须对当代高校学生所面临的人的安全风险有充分的认识和关注。

二、非传统安全视野下的高校学生事务部门

非传统安全视野下的高校学生事务部门,其作为安全主体,可能会承受种种安全风险(或潜在风险)。新冠疫情的暴发更使高校学生事务部门种种潜在的安全风险被曝出,或从之前混沌、非活跃的状态变得凸显与严峻。而应对这种安全风险加大的状态,需要高校内、外部多部门与组织的共同努力。

(一)高校学生事务部门安全主体地位的确认

随着非传统安全研究的兴起,对非国家组织、集团、社区、企事业单位等更下位组织的研究日益受到关注。由此,安全主体不仅包括主权国家、全球社会这些高统摄性的超级组织,亦涵盖了处于社会不同层次与不同领域的微型组织。这一安全主体类型不断泛化的趋势,也为将高校及其内部不同层级的部门确立为安全主体提供了理论依据。

作为高校组织的重要分支部门,学生事务管理部门自身具有一定的独立属性,可以被归入微型的非国家组织体的范畴。尽管该部门是高校管理系统中更趋下位的组织,但由于其所承担的工作职责的重要性,其所服务对象群体的多类型性,其需要达成的管理目标的多元性,导致学生事务管理部门会面临来自高校组织内、外部不同层面、不同类型的风险压力。但在高校管理实践中,该领域繁重的工作压力及其可能面临的种种风险状态并未得到高校管理层及更广泛部门与人员的重视。鉴于此,及时确立高校学生事务管理部门的安全主体地位,从而能以非传统安全理论对多元风险的分类谱系为参照,积极识别并有效治理高校学生事务工作部门所面临的多元安全风险危害,这是支持学生事务部门有效开展工作的前提条件。鉴于此,确立高校学生事务管理部门的安全主体地位,具有充分的理论与现实合理性。

(二)当代高校学生事务部门面临多元安全风险挑战

高校学生事务是高校为维持大学生正常的学习、生活秩序,促进其全面发展,实现高等教育培养目标,在教学过程之外所必须提供的具体事务[①]。而提供此类服务的高校学生事务部门,则会因所提供的各类服务工作(如毕业生就业指导、在校生人身伤害管理、学生创业指导等)的质量或成效不佳而面临多元安全风险。新冠疫情的暴发则使学生事务部门所面临的各类安全风险变得更为凸显。

表2-1是依据非传统安全的分类谱系,对新冠疫情暴发后,高校学生事务管理可能遭遇的安全风险的描摹。

表2-1 高校学生事务管理中可能面临的多元安全风险

类型	内容
法律安全	高校学生事务管理(及其他相关高校管理部门)在疫情时期采取的特殊管理举措可能侵害学生的合法权益,或因对疫情管理的不力而使学生更易遭遇人身伤害事故,这可能使该领域管理面临法律安全风险
经济安全	高校学生事务管理(及其他相关高校管理部门)可能被要求支付因疫情而增加的学生人身伤害事故风险损害赔偿(补偿)金,或弥补因疫情期间实施特殊管理而产生的不菲的管理费用,这将使该领域管理陷入经济安全风险

① 储旺祖.高校学生事务管理教程[M].北京:科学出版社,2008:7-8.

续表

类型	内容
声誉安全	高校学生事务管理(及其他相关高校管理部门)可能在疫情期间更频繁地被报道某些与自身相关的负面事件而承受公众舆论压力,这还将使该领域管理陷入声誉安全风险
管理安全	高校学生事务管理(及其他相关高校管理部门)可能因疫情管控而运行一套新的管理制度,会涉及学生的校内学习、生活,参加毕业季的各项活动,参与校外社会实践、实习和其他体育艺术文化活动等。这套新制度的实行使该领域管理面临提升的压力,并可能在运行的过程中产生新的问题,进而导致该领域管理陷入管理安全风险
科研安全	高校学生事务管理(及其他相关高校管理部门)出于疫情管控并规避传染病和人身伤害事故的考虑,在一定时期内限制某些科研活动的开展,这可能使该领域管理陷入科研安全风险
教学安全	在校生因不适应教学转为线上的方式,面临疫情后就业前景不佳而缺失学习动力,出现个人心理与情绪问题,学业成效不佳等情况,这无疑会加大该领域管理中的教学安全风险
就业指导安全	高校学生事务管理(及其他相关高校管理部门)要面对因疫情暴发后的就业市场萧索而造成的相当比例应届生无法正常就业的压力,这会使该领域管理陷入学生就业指导安全风险
绩效安全	高校学生事务管理(及其他相关高校管理部门)可能因出现此表格中所陈述的种种不利事件(但不限于此)或状态而受到上级问责,遭遇管理业绩下降,从而导致该领域管理陷入绩效安全风险
国际交流安全	因疫情暴发后各国可能采取更为严格的签证与国际旅行限制政策,留学生无法正常入校或不得不滞留来源国,这给留学生管理及涉外事务管理带来诸多不确定性,由此使该领域管理(以及其他相关高校管理部门)陷入国际交流安全风险

表 2–1[①]是基于非传统安全视角,对疫情暴发后高校学生事务管理领

[①] 文中表格是借助郭洁、郭宁《高校学生人身伤害风险管理:反思与重构》文中所提出的高校学生事务风险分类方式,对学生事务领域的风险所做的分析与呈现。

域所面临的多元风险的展示。表中所示的安全风险在实践中也会对高校其他部门,如高校法律事务、财务工作、校园安全、教学科研等多个管理部门的日常工作造成冲击。有效应对上述风险既需要高校学生事务管理部门自身不断改革优化,提升管理成效,更需要高校多元管理部门就学生事务风险管理展开协作,从而合力应对疫情暴发后所面临的多元风险挑战。对疫情之后高校学生事务领域所面临的多元安全风险的分析,对于我们全面认识该领域所面临的风险,能起到窥一斑而知全豹的作用。这也提示我们,应当对学生事务领域所潜藏的多元安全风险形成充分的预判,从而使合作治理成为指导学生事务领域多元风险治理的不二策略选择。

三、非传统安全视野下的高校学生事务风险

在非传统安全视野下,高校学生事务中的一些风险亦呈现出始发性、潜在性、复合性、弥散性等特点,这意味着这些风险可能或已经发展为新的安全问题,其危害范围广,并可能影响到多元主体利益。

(一) 当代高校学生事务领域中棘手问题的现实考量

作为相对年轻的高校管理领域,高校学生事务管理在自身发展方面尚存在一定问题与不足[①]。而在当代,该领域不仅承受着外部环境中种种传统风险与危机事件危害性持续放大的压力,同时还面临诸多新型风险与危机事件的挑战。特别是该领域内一些原本可控的低风险事件,因与外部多元、复杂的环境要素交织共生,而呈现日趋严峻的发展趋势。如学生意外人身伤害风险在传统上只涉及高校内部管理,或者说更多为当事家庭与高校协商善后的问题,但在网络时代,却可能成为引发公众对政府、高校不作为,保险失效,失独家庭不幸,个体生命价值遭受漠视等多方面问题的激烈声讨。此类也许看似微小的事件,如不能得到妥善处置,则不仅会对高校声誉造成损害,还可能成为诱发舆论暴力、引发社会不和谐的导火索。又如,大学生热情冲动,易受到不良思潮的影响,在当代极端民族主义、宗教主义膨胀的大背景下,大学生个体或群体可能成为极端恐怖分子实施暴恐事件的"工

---

① 马建生,滕珺,张磊.当前我国高校学生事务管理问题的成因调查[J].高等教育研究,2009,30(5):78-84.

具",由此引发的国家安全、社会安全、人的安全风险不容小觑。再如,随着高等教育国际化进程的推进,高校学生群体在种族、来源地和人口构成比例方面将发生变化,并且伴随这一过程的还有高校在国际范围内竞争优质生源需求的增加,因此高校管理目标需要向更好地服务于学生需求转型。而上述转变不仅会加大高校学生事务管理领域的工作难度,使学生管理的工作环境变得更为复杂与不确定,更使该领域不得不面临更为严峻的市场风险,和更高可能性的声誉风险。最后,随着在校大学生自主创业改革进程的深入,其所可能伴生的体制震荡与阶段性的管理无序,还将使高校学生事务管理承受来自法律、市场、资金、管理等多方面的安全风险压力。对以上种种的审视也提示我们应充分认识高校学生事务管理领域的棘手问题所可能引发的多元安全风险,全面识别此类问题在当代可能呈现的新的风险特征。这将是在今后防控此类问题所引发的多元危害,以支持该领域工作稳定开展的前提和保障。

(二)当代高校学生事务风险事件的安全问题属性的确认

基于非传统安全理论审视当代高校学生事务风险问题,能够帮助我们梳理此类问题的特性,明晰其未来发展趋势,从而为有效治理此类问题提供新的路径。当代高校学生事务风险问题,随着时代发展,也日益显现出非传统安全问题所具有的始发性、潜在性、复合性、扩散性等特质[1]。

第一,高校学生事务风险呈现始发性的特点。当代高校学生事务中的一些风险(棘手问题)正符合非传统安全问题的这一特点。如高校学生就业风险,三四十年前不存在,因为当时的高校毕业生是稀缺的人力资源。但在近十余年(特别是新冠疫情暴发以来),高校毕业生就业风险已经成为困扰高校管理、危害毕业生切身利益的棘手问题。此外,还有类似高校学生创业风险、网贷风险等,都是随着近十余年社会发展而出现的新问题。故高校学生事务风险,作为包括了多种风险,且不断纳入新的风险的一个集合名词,越来越呈现出"始发性"的特点。高校学生事务风险的这一特点也提示我们,要随着时代发展及时审视高校学生事务管理,识别那些新的风险点。

第二,高校学生事务风险呈现潜在性的特点。如高校学生人身伤害风

---

[1] 余潇枫.非传统安全概论(第三版·上卷)[M].北京:北京大学出版社,2019:30-31.

险在发生之前往往没有特别的征兆,且此类事件的诱因多样(可能源于意外事故、体育运动伤害、心理危机事件等),事件暴发虽然也能就某些特定时间、特殊地点等易暴发风险总结出一定规律,但即使是此方面的专家或富有经验的管理人员,也无法对此类风险是否暴发做出准确的预判。又如高校导研关系风险,虽然在一些网络媒体的不良导向下,被公众误认为是常态化存在的问题,但其实在现实生活中,发生的可能性并没有想象中高,且其暴发之前通常没有征兆,多以网络媒体突发性曝出,进而演化为舆情危机事件。为此,针对学生事务风险的潜在性特点,需要在实践中针对此类事件采取一些防患于未然的措施。

第三,高校学生事务风险呈现复合性的特点。类似毕业生就业风险、在校生人身伤害风险、高校生创业风险等风险的出现,并非仅仅是高校管理成效不足而导致的,事实上,这些风险问题的出现是社会多元领域因素共同作用的结果。而这些风险问题不能得以有效治理又会再一次危害社会多元领域发展,影响社会与国家发展目标的达成。故高校学生事务风险所具有的"复合性"特点也提示我们应有效整合多元领域资源,调动多类型主体共同致力于此类风险的治理。

第四,高校学生事务风险危害呈现弥散性的特点。如高校学生就业风险可能引发的社会经济、政治、民生危害已经受到全社会的关注,国家近几年也就有效治理此类风险方面做出了极大努力。又如部分高校学生受境内外敌对势力、民族分裂主义者、非法宗教势力的蛊惑而参与传播非法言论,甚至参与暴力恐怖活动。此类风险事件不仅危害国内安全,甚至可能危害国际安全。为此,当前为有效防止高校学生事务管理中可控性、潜在性风险演变为不可控的且影响恶劣的风险与危机事件,同时也为避免此类事件肆虐对国家安定、社会稳定和高校良好运行带来严重冲击,从非传统安全观视野下认识并深化高校学生事务风险与危机管理已势在必行。

当前,高校学生事务风险(或部分风险)问题已经具有了始发性、潜在性、复合性、弥散性等非传统安全问题的特质。鉴于此,应认识高校学生事务风险(或其中部分风险)可能从潜在的安全问题发展成为现实安全问题(issues)的可能性,及时识别出高校学生事务领域最严峻的问题并对其给予有效应对,这将是积极谋求持续提升高校学生事务工作成效的合理路径。

四、非传统安全视野下学生事务风险治理的路径思考

非传统安全研究所提出的安全利益共同体的观点,为充分认识安全问题危害的多元性,遭受危害的主体类型的多元化提供了警示,更重要的是,该领域研究所提出的治理共同体的观点,为积极探索整合多元主体,以共同体的合力来消弭安全问题危害性提供了启示。而以上两方面将为当代探索有效治理高校学生事务风险问题提供理论观照。

(一)提升高校学生事务风险管理成效的理性思考

高校学生事务风险可能危害高校多元主体的利益,危及高校多个部门的管理成效,并且高校学生事务风险中那些最为棘手的问题有从潜在的安全问题发展为现实安全问题的趋势。考虑到安全问题具有极大的破坏力与很强的蔓延性,必须从高校层面建立起防控此类风险危害的第一道防线,而这需要高校管理从观念到制度与模式的种种调整与改革。非传统安全研究的相关成果将有助于探索完成这一实践。

在非传统安全理论视野下,安全问题具有始发性、潜在性、复合性、扩散性等特质,且会对各类主体造成不同程度的危害。为应对此类危害,不同主体间将展开对话、合作,形成针对非传统安全问题的治理共同体[①]。将上述观点观照当前中国高校学生事务管理实践,则有助于明确当前高校学生事务风险的性质与危害,识别当前高校人员可能存有的风险管理观念桎梏与既有高校风险管理制度中的缺陷。例如,以非传统安全理论指导高校人员认识高校学生事务风险的始发性、潜在性、复合性、扩散性等特点,从而认识到高校学生事务风险可能有常态化发展趋势,认识到各类风险交互影响可能造成更大的危害性,识别出高校学生事务风险对学生、高校、国家、社会等多元主体所造成的危害。此外,针对高校学生事务风险的危害范围不断增大,高校管理可能面临工作复杂度不断加大,工作压力不断提升的现实挑战,应当以非传统安全理论指导高校管理层积极开展校内的风险管理模式改革,以推进风险管理从高校学生事务部门的独立行动,逐步转变为整合校

---

① MELY C A. An introduction to non-traditional security studies[M]. Thousand Oak:SAGE Publications,2016:36-37.

内多部门、组织、团体、人员作用力的共同行动,从而能以治理共同体的合力来消弭学生事务风险及其危害性。伴随着这一过程的不断深入,不仅高校内各部门间在学生事务风险管理的协同性方面能有所提升,更将实现高校学生事务风险管理成效的显著提升。

(二)孕育高校学生事务风险社会治理机制的现实思考

当代高校学生事务风险已经具有了非传统安全问题的属性。其所危害的利益主体不仅是个人(及其家庭),还包括高校、其他社会组织,乃至于国家。针对这一类影响范围广泛(趋于广泛)的安全问题,仅依靠高校组织的内部治理显然是不充分的。只有通过联合多元主体的治理行动,孕育高校学生事务风险社会治理机制,才能谋求对此类风险问题的有效治理。为此,应至少从以下两方面入手展开相关行动:

首先,积极引导多元主体在高校学生事务风险的性质、影响范围、有效治理等方面形成共识。审视当前中国高校学生事务风险管理现状,要达成多元治理主体信息共享,平等对话、协商,合理应对风险与风险管理事务,还缺失必需的条件和可依托的制度基础。这特别表现在非高校、非国家主体,并不能全面获得相关风险信息,在评价风险管理成效方面易受媒体负面引导而有失公允,在如何有效参与风险管理,如何在风险发生后对当事学生给予合理的损害补偿方面缺乏必要的专业知识与专业能力。这种状态不仅危害多元主体共识的达成,更可能使他们因某个极端风险事件暴发而处于观点对立的状态,进而不利于社会和谐与国家安定。鉴于此,积极构建稳定、规范的官方风险信息传播通道,满足多元主体获取风险信息的需要(避免受网络舆论暴力影响),提升其参与风险管理的意识与能力水平,将有助于多元主体在治理高校学生事务风险方面达成"共识"。

其次,推进高校学生事务风险社会治理机制的孕育与发展。当前,在高校学生事务风险的社会治理方面,高校主体和国家主体承担着最主要的治理责任,但考虑到当代高校学生事务风险的非传统安全问题特质,则这一治理模式所能达成的功效必然有限。此外,该治理模式还可能随着学生事务风险的影响范围与危害性的不断提升而最终陷入"治理失灵"。其具体表现为:其一,当代学生事务风险所具有的始发性、潜在性、复合性、弥散性等非传统安全问题的特质,导致该领域管理范围不断扩大,管理压力不断提升,最终将可能导致该领域成为高校管理难以承载之重;其二,高校学生事务风险不能得以有效治理,则可能使国家治理成效面临公众认可危机。在实践中,关于高校人身伤害、导研关系,毕业生就业等风险问题,都一度引发公众关注与负面评议。这不仅损害高校的声誉,还可能由此引发公众对社会与国家的不满与偏见。考虑到高校学生事务风险可能造成的不利前景,欲对此类风险给予有效治理则必须突破固着于高校开展相关治理的模式局限,代之以即,积极引导多元主体参与高校学生事务风险治理。鉴于此,客观认识各类社会主体参与风险治理的优势"区域",科学核定各类主体在治理过程中的角色定位,充分激发它们释放自身的治理功效,将是推进高校学生事务风险社会治理机制孕育并发展的合理策略。

第三章　高校学生事务风险与管理的现实观察

对高校学生事务风险与风险管理现状的充分把握是开展该领域改革、优化研究的现实基础。本章将从对相关研究文献的量化分析、对高校学生事务专家的访谈和对高校人员展开问卷调查这三种途径展开相关研究,以期从整体上把握当前高校学生事务风险及管理的真实样态。

第一节　高校学生事务风险管理研究文献的考量

对相关专题的研究文献展开"元研究",是把握高校学生事务风险管理研究发展动态、了解其现实不足与问题的重要手段。当然,考虑到本书所关注的是中国高校学生事务风险问题,故对相关文献的研究分析仅聚焦于国内研究文献部分而展开。

一、研究文献检索标准设定

期刊文章最能反映出一个研究议题从最初萌生到蓬勃发展的动态进程,且笔者自关注高校学生事务风险管理研究领域以来,也未能发现相关度较高的专著出版。因此,对高校学生事务风险管理研究文献样本的撷取就聚焦于相关主题的期刊论文。具体而言,本次文献研究以"中国期刊全文数据库"为检索对象,检索项为:M = 题名;检索词为:高校学生/大学生/高职院校学生 * 风险/危机/挑战/压力/自杀/套路贷/信用卡;检索时间范围未做限定,但通过网络查询可知,相关期刊论文成果几乎都发表于 1990 年之后;检索类型范围限定为期刊论文。通过本轮检索,笔者共获得命中文章 1232 篇,删除其中非相关主题的文献,实际检出 796 篇。将上述文献以 Refwork 格式输入科学计量分析软件(CiteSpace 6.1.R 3)中进行分析处理,其所获得的结果,如文献的年度发表量、文献的关键词、研究主题的历史流变等方面特征被输出为可视化的图片与图表。

二、研究文献检索结果呈现

(一)期刊文献类型及年度发表情况

本次检索所获得的期刊文献的来源类型有:教育类期刊、高等院校学报、其他科技类期刊。期刊文献的等级类型有中文核心期刊、CSSCI 来源期刊及不限制级别期刊。借助科学计量分析软件(CiteSpace 6.1.R 3)的统计分析功能,笔者对1992年至2022年国内与高校学生事务风险管理研究相关的期刊文献的年度成果发表量予以统计分析,其结果见图2-1。

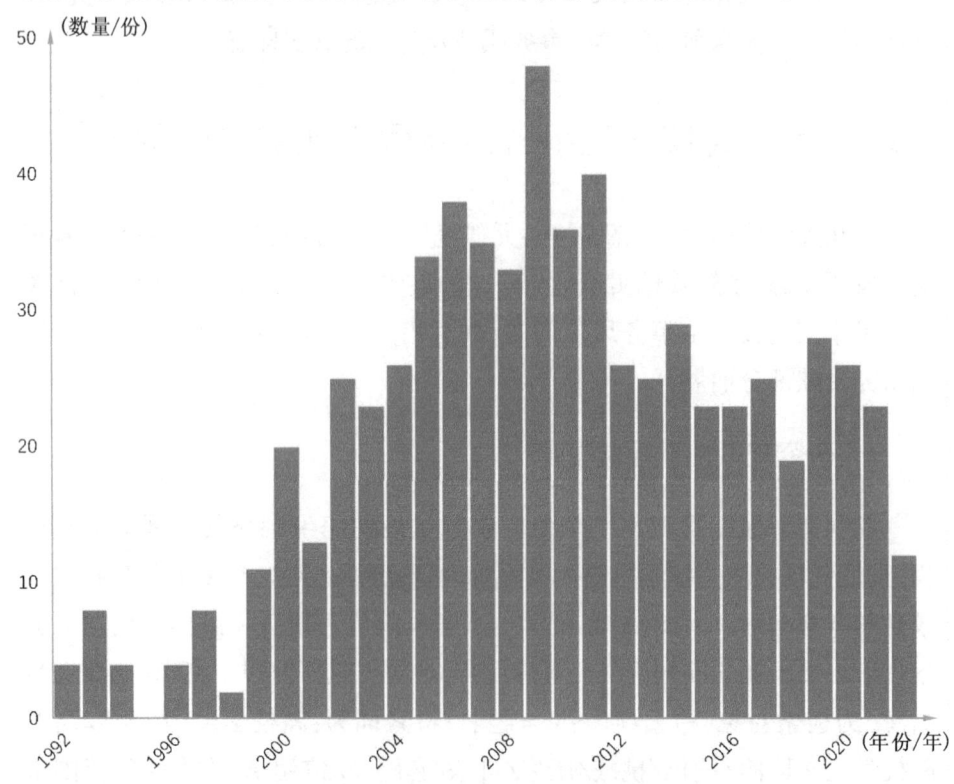

图2-1　国内高校学生事务风险管理期刊文章年度发表量图

注:2022年及其后年份为非完整统计年份或暂时无法纳入当前分析当中。

如图 2-1 所示,国内高校学生事务风险管理相关文献的发表虽然开启于 20 世纪 90 年代,但在 1998 年之前,年度文章发表量都在 10 篇以下;从 1999 年开始,年度发表量开始突破 10 篇;2000 年之后,除去 2001 年,年度发表量均超过 20 篇,但不同年度间呈现发表量波动上升的态势。其中较为重要的变化是,2002 年相比前一年的 13 篇,发表量骤升至 25 篇,几乎达到倍增;2006 年、2009 年则是发表量相比上一年出现显著提升的年份,前者达到 39 篇,后者则一跃达到年度发表量最高的 48 篇;2010 年开始,文献年度发表量虽然开始下滑,但依然维持在大于 20 篇的状态。

国内高校学生事务风险管理研究开启得较晚,但在整体上呈现持续发展的态势。其中有若干年出现了研究成果的显著提升,2009 年甚至出现了井喷式发展。所有这些表明研究界对该专题的关注在逐步唤起。但总体而言,该专题期刊文章量还是相对较少,就为高校学生事务风险的实践应对提供有益的研究支持而言尚力有未逮。

（二）期刊文献的关键词

笔者借助科学计量分析软件（CiteSpace 6.1.R 3）的主题词提取功能,对 1992 年至 2022 年国内有关高校学生事务风险研究的期刊论文的关键词进行处理,其结果呈现于图 2-2：

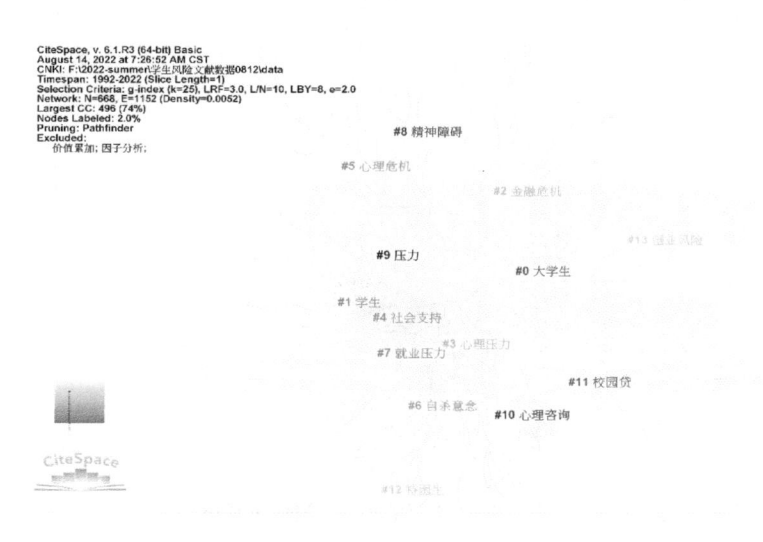

图 2-2　国内高校学生事务风险管理期刊文章关键词聚集图

如图2-2所示,国内学生事务风险管理期刊文章被析出13个关键词,按其聚集量降序排列,分别是"大学生""学生""金融危机""心理压力""社会支持""心理危机""自杀意向""金融危机""心理压力""压力""心理咨询""校园贷""特困生""创业风险"。上述词按其指向的不同可分为三类,即指向学生事务风险管理对象的"大学生""学生";指向学生事务风险诱因的"金融危机""心理压力""自杀意念""压力""校园贷""创业风险""特困生";指向学生事务风险管理措施的"心理咨询"。

基本结论:从关键词维度考察,当前对高校学生事务风险研究的深度与广度还相对有限,这主要反映在相关研究对高校学生事务风险诱因的识别尚不够全面充分,对风险治理的措施仅聚焦于心理咨询,对高校学生事务风险类型多元化、影响多层次化发展方面的分析与研究存在不足。

(三)研究主题的历史流变

借助科学计量分析软件(CiteSpace 6.1.R3)的喷溅(BURST)功能,获得1992年至2022年国内有关高校学生事务风险研究议题下研究重心的产生和持续,以及其流转演变的过程,见图2-3。

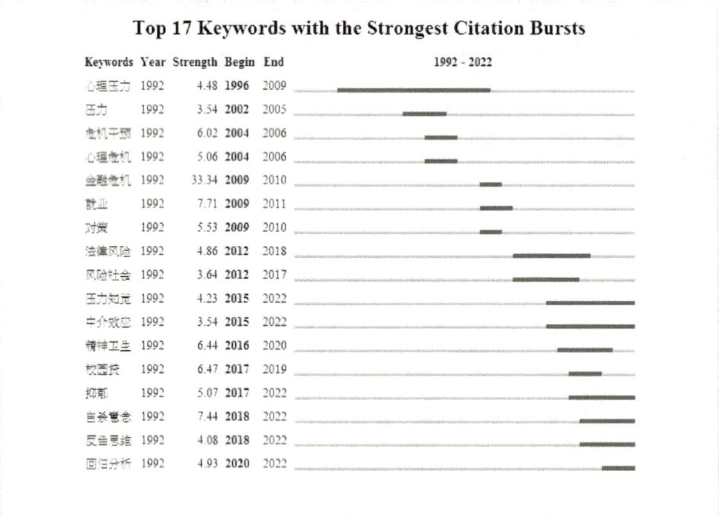

图2-3 国内高校学生事务风险研究重心的演变示意图

如图2-3所示,高校学生事务风险研究大致可分为三个阶段:第一阶段,关注校园内部问题,如聚焦学生自身心理问题,关注危机干预;第二阶段,关注外部因素与学生事务风险,研究涉及金融危机、法律风险、就业、校园贷、风险社会等因素;第三阶段,趋向微观与量化,关注学生个体的自杀意念、反刍思维、回归分析。

基本结论:早期高校学生事务风险研究主要是从高校层面入手,聚焦个体学生心理问题而展开危机干预研究,其后开始关注到外部环境如金融危机、法律风险、就业、校园贷、风险社会等方面的风险诱因,并逐渐能依托心理学相关研究方法来提升该领域研究的科学性与规范性。但是,该领域研究尚缺乏对高校学生事务风险可能诱发的社会影响,以及从整体社会层面探索高校学生事务风险治理策略的探索。

(四)该领域研究的成熟情况

某一专题研究领域内所产出的研究成果的被引用数量,可以从一侧面反映出该研究领域的发展成熟度。图2-4是高校学生事务风险研究中成果被引用居前十位的作者姓名及其引用次数。

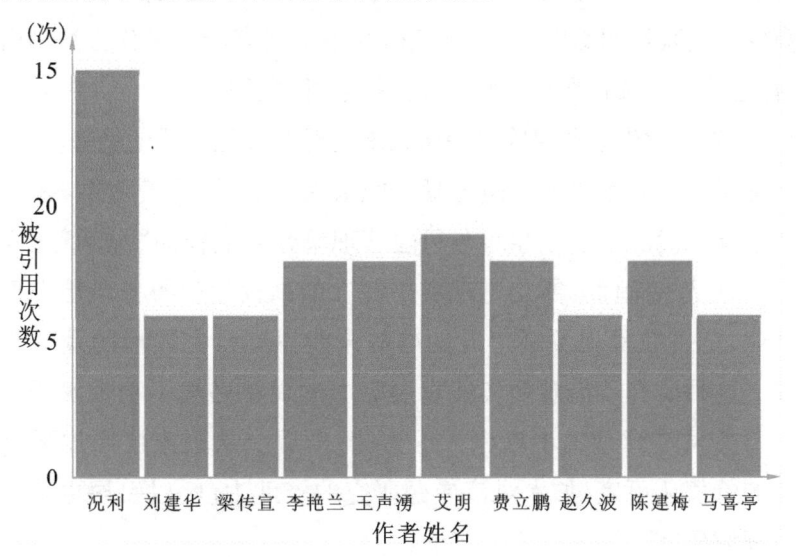

图2-4 被引用次数排名前十位的作者及其引用量

如图2-4所示,该领域成果被引用居前十位作者成果引用数量最高为15次(1人),其次为8次(1人),7次(4人),最低为6次(4人)。

基本结论:从该领域研究成果被引用数量考察,当前高校学生事务研究尚处于初步发展阶段，还有待于更多研究者的加入和更多成果的产出，以推进该领域研究的不断深化发展。

三、对文献数据的思考

笔者通过分析该专题文献成果数量和年度发表量变化，辅之以其他衡量该领域研究发展情况的指标，来分析高校学生事务风险研究的发展状况，得出了以下几点结论：

首先，高校学生事务风险管理研究是一个年轻的专题研究领域。

国内高校学生事务风险研究尚处于起步阶段，其最早成果零星出现于20世纪90年代，发展至今，所发表的全部相关成果也只有600余篇，且相关成果的引用量也较低，显示该领域研究成熟度不足。

其次，高校学生事务风险研究正在经历从经验研究向科学研究的转型。

从高校学生事务风险管理研究主题的历史流变可以一窥该领域研究正在从关注高校学生事务风险对校园自身和当事学生的危害，转而向外部环境对高校学生风险的影响，而该领域研究中出现有应用量化方法的研究成果，这标志着该领域正在从经验研究向科学研究迈进。

再次，高校学生事务风险管理研究未呈现迈入"显学"的趋势。

不论是高校学生事务风险管理研究成果的总数、研究者数，还是成果的引用情况，都反映出，学生事务风险管理研究未能作为"显学"而立足于研究界。这从一侧面暴露出与现实中存在的高校学生事务风险类型的不断多样化，危害性呈现不断上升的趋势未能得到研究领域的及时与必要的关注。这种研究不能观照实践发展需求的现状必然不利于实践中对高校学生事务风险管理的不断深入。为此，今后应从国家层面加强对此专题研究的价值认可度，加大对该专题研究的资助力度，以引导更多研究者投身该领域研究。

第二节 高校学生事务风险管理的专家访谈

与高校学生事务管理领域的专家展开相关访谈是深入了解学生事务风

险及其管理现状,发现该领域管理中存在的问题,进而谋求解决之道的又一基本方式。尽管笔者在以这种方式开展相关研究的过程中遭遇了种种困难与不利,但这种研究方式却对笔者突破认识"坚冰",不断接近问题的真相与本质发挥了重要作用。

本部分访谈对象包含四位专业人士(两位高校学生事务专职管理领导,一位学院副院长和一位学院党支部副书记)。通过与他们一对一、半开放式访谈,获取相关信息,在此基础上对信息进行分析与解读,并以四个工作故事的形式呈现出来,以期能使读者直观、生动、深入地了解高校学生事务风险管理的状态。

一、A 部长的工作故事

A 部长,男性,本科就读于某重点大学管理学专业,毕业后即进入现所在高校任辅导员工作。他对口负责学生安全稳定和民族生管理工作。在 A 部长的办公室,他一边接受访谈,一边不时停顿下来,与进入办公室的工作人员交接处理一些日常工作事务。每当因故被打断谈话又重新开始时,他都能及时续上之前的话题,且不需要提示。

民族生管理是他同笔者交谈最多的内容。他指出,一般管理人员都认为高校的民族生管理相对其他学生管理要困难,也更容易出问题。对此,A 部长有他自己的理解。他这样告诉笔者:"民族生通常受家族文化影响较深,学校的校纪校规、思想教育转化要想在他们身上发生作用,通常需要更长的时间。如果民族生家族中有宗教极端分子,就可能影响整个家族成员,民族生本人也有可能参与到一些不良活动中。"对属于这种情况的民族生,一旦学校掌握了相关情况,除加强对他们的思想教育与情感感化外,还要切实加强对他们日常学习、生活的指导与监督,要发动他们的室友、同班同学和辅导员老师随时关注他们的动向。A 部长也分享了他从事民族生管理工作的一些成功经验:第一,他本人的民族生背景能拉近与本校民族生群体的心理距离,使他在开展民族生管理工作时相比汉族的同事更有优势。第二,他指出要与民族生多交往,建立良好的师生关系,要关心他们的日常生活,关心他们的学习,为他们办实事,解决实际困难。他强调:"如果民族生认同了你,你就是批评他,他都同你很亲,因为他知道你是为他好。"

A部长还特别提到了学校中对学生的人身伤害事故如何处置的问题,他主张合理购买商业保险项目,重视做好人身伤害事件发生后的损害赔偿工作。他表示,曾经校务会讨论取消购买学生人身伤害的商业保险计划,这样学校能每年节省30余万元的费用,但他坚持要保留这项经费预算,还因此与一些领导、同事发生了争执。但后续发生的一件事证明了他的"先见之明"。就在那一年,学校宿舍楼出了一个事故,电梯轿厢未升到相应楼层,电梯门却错误打开,导致一名乘电梯的学生失足坠落身亡。该事件最终能妥善处理,最重要的一个原因是校方向学生家属赔偿了一笔巨款,而其中近四分之三的费用来自商业保险公司的赔偿。自此后,学校购买学生人身伤害的商业保险被作为一个惯例保留了下来。A部长说,学生人身伤害事故有时是防不胜防的,除了积极强化管理外,更要重视事故发生后的妥善处置。他经手处理此类事件已经很有经验了。"家长通常是感情上接受不了(孩子的意外伤害),容易情绪激动,我们一定要耐心,照顾好他们来校后的生活,指定专人陪同做好他们的情绪安抚工作……孩子出事肯定要赔偿,我们通常请对方先提要求,再给他们讲财务制度允许的赔偿标准,以及学校通过保险、师生捐赠等方式所能提供的赔偿额度,让对方感受到我们妥善处理这件事的诚意,多数家属还是通情达理的,但是也有极少数会采取'校闹'的方式。"

说到日常工作状态,A部长说他基本上是顾不上家的。"从做辅导员起就是这种样子。"也正因为这种敬业精神,他得以年纪轻轻就进入学校中层领导的行列,且他的工作态度、工作能力、对一些事情的处理方式也得到了校领导的欣赏和肯定。

当被问到从事高校学生事务工作的感受时,A部长指出,从事学生工作压力大,所以从业者心理素质和社会能力一定要强,因为可能遇到各种各样的人、各种各样的事。"一定要能与各类人打交道,遇到事情不能躲。"他还提到学校近几年招聘辅导员不仅倾向于有高校学习与工作经历的求职者,如硕士、博士毕业生,同时还招聘了一批复转军人进入辅导员队伍,他们经过一段时期的适应,在工作中体现出了更灵活的处事能力、吃苦耐劳与团队合作的精神。

当被问及学生事务领域是否存在压力事件或风险时,他认为舆情风险和就业风险要重点关注。"学校发生的有些事,网上一传就变味了,网友还容易跟风。这种情况挺麻烦。学生就业也是件麻烦事,我们学校就业算好的,但是即使这样,每年还是有部分学生毕业了找不到合适的岗位,档案就一直在学校留着。"此时,因临时通知召开一个学工会议,与A部长的访谈不得不匆匆结束。

二、B部长的工作故事

B部长是一所工科大学的学工部部长,男性,汉族,本科就读于现任职高校,毕业后即从事学生工作。他先后任辅导员、校团委副书记、学工部副部长,直至任学工部部长,也是该校最年轻的处级干部。B部长非常重视与笔者的访谈,特别定了假期值班不太忙的一天同笔者见面。这也使访谈进行得较为顺利。

在B部长的办公室,他首先同笔者就他所在大学连续3年被评为学生工作先进单位这一成绩谈了自己的看法:"我校能连续获先进荣誉,一个重要原因是这几年学生人身安全事故发生率为零。但人身意外这个事不好说,可能之前都很好,明天突然就出个事。"他说到这个话题时,表情变得有些凝重。"这几年高校安全稳定工作不好做,我们学校这几年也在这方面下了大功夫。辅导员,我们都要求与学生同吃同住的,学校分给辅导员的宿舍就在学生宿舍楼中,我在那里也有一个床位。学生安全这个事,怎么下功夫抓都不过分。现在的学生不像我们小时候,在农村长大,啥苦都吃过,也不怕遇到事。为了这事(学生安全稳定工作),学校从校领导到我们学工部都压力很大,越是之前取得了一些成绩,越是希望能保持下去。"

B部长还提到学校对学生工作的支持。"我们几位校领导都很重视学生工作,不管是就业创业指导,还是大学生创业实践,学校都有相应的政策与资金支持。我们学校是面向省内、辐射全国培养理工应用型人才的院校,做好学生工作是基础。"他还谈到学校非常重视学生心理危机干预工作。"我们学校宿管和保洁阿姨的薪酬都要高于别的高校类似岗位工资标准的一半以上,聘请的都是附近的国企下岗女职工,这些阿姨素质高,有责任心和爱心,她们自己的孩子也和大学生差不多大,与学生们交流和交往都有经验。学校也和她们提前讲过,之所以高薪酬聘请她们,是需要她们在工作中随时关注学生们的动向。大学生发生心理危机事件往往都有前兆,比如一个人躲在那哭泣。有经验的阿姨甚至可以通过对学生言行举止的观察就能锁定一些情绪出了问题的学生。"

当被问及是否感到工作压力很大时,B部长说:"干这个工作(学生工作)就没法没压力,所有的人(学工人员)都要24小时开机,随时待命。这几年高校发展快,学生工作头绪多,哪一样没顾上,就可能出问题。当然,最早开始学生工作时也曾经很焦虑,生怕什么事情没做好出问题。现在的想法是,尽量去做,真出了问题,就努力善后。"

B部长也提到新入职学工人员的培养工作。"咱们现在主要还是从应届毕业生中招聘辅导员,年轻人刚开始干这个确实很不适应,工作强度大,心理压力大。我们领导要耐心、细心地指导帮助他们。我们学校给辅导员的待遇都不错,大家还都有升职和发展的空间,所以辅导员队伍还比较稳定。我知道有些学校辅导员待遇跟不上,辅导员能安心工作的10个人里有一半就不错了。"在问到B部长未来的职业发展规划时,他笑了一下说,这个岗位他至少应该干完这一任,之后会怎么样,要看学校的安排了。

三、C副院长的工作故事

C副院长,女性,是某高校的学院副院长(分管研究生工作),博士生导师。C副院长本科、硕士与博士均毕业于985院校,从在高校任讲师职位开始至今,已工作了20余年,任副院长是第3个年头。与C副院长的访谈时间是某节假日她值班时,地点选在她的办公室。

当问到她在当前研究生管理工作中是否感到压力大时,C副院长略沉吟后说:"不能说没压力,但我觉得还好吧,只要按学校相关规定做好各阶段工作,一般不会出啥大事。"她接着介绍,全院各个专业方向,二十几位博士生导师、六十多位硕士生导师,在这几年科研工作与研究生培养工作中总体表现都不错,当然了,有时也难免出问题。说到这儿,她表情变得严肃起来:"去年院里一名研究生学位论文送外审时被查出学术不端——论文中剽窃他人的研究成果。这个情况以前也不是没出现过,通常是批评教育学生,但这次造成的负面影响很大,学校做了严肃处理。"C副院长提到现在实行导师负责制,谁的研究生出了事就问责其导师。"这也是有问题的,一个导师名下少则几名、多则几十名研究生,他们都是有行为能力的成年人,真要做什么不合适的事,导师怎么可能完全控制呢?有时候甚至连知道都不知道。"当说到网上时有传播的博士自杀事件,C副院长表示:"我也处理过一些导师和研究生发生纠纷的事,其中有些是导师对研究生的要求不太合理,有些是研究生本人的问题,考上了不安心学习,导师布置些科研任务就喊累、喊导师压榨。搞科研哪有不辛苦的。还有就是一些研究生比较内向、隐忍,对导师一些做法不能认同时,只是一味迁就导师,时间长了,负面情绪积聚,导致一些极端情况出现。"C副院长指出,学校中的导研关系问题最怕网络炒作,这容易使事情的真相被歪曲。"网上一发布涉及导研关系事件的信息,就是某某导师压榨研究生、性骚扰研究生,这不仅损害学校声誉,更危害导师群体的社会形象。"

C副院长还谈到了研究生科研压力的问题:"学校虽然对硕士生没有发论文的具体要求,对博士生的要求也不像过去那么严格了,破五唯嘛,但考博啊,找工作啊,哪个不是拿科研成果说话,所以有时不用导师督促,研究生就会很努力。"当问到当前研究生的就业情况时,C副院长反馈说:"研究生按理说就业应该更有利一些,但我们院的研究生就业率不如本科生。"她还谈到了研究生就业难的种种原因:"有学生自己的原因,比如个性、科研能力,但疫情后,整体就业环境不好是有目共睹的。"C副院长还谈到如何提升研究生就业率的思路:"现在鼓励硕士生考博是一个解决就业问题的出路选择,而让博士生寻找做博士后的机会也能让他们在就业时上一个台阶。"

四、D 书记的工作故事

D 书记是某大学学院党支部副书记,分管学院的学生工作。他在现岗位任职有 5 年时间,在这之前有 10 年左右是在校行政部门做管理工作。与 D 书记在办公室的交谈中不时有电话打进来,基本是学院辅导员汇报或者请示一些工作问题。D 书记在回电话时的表情不时有些凝重,但都迅速做出了安排。在经历若干次被电话打断之后,已经临近下班,但他坚持同笔者交谈完才离开。

当问到平时工作的情况时,D 书记很直接地告诉笔者:"学院里最辛苦的是学工工作,最不容易出成果的也是学工工作,最容易出问题的还是学工工作。"他谈到,"学院主要关注的是科研、拿项目、发 SCI、搞国际交流,院长的主要精力都放在这方面。学生工作不容易出成果,平时想要组织什么活动,开展什么工作,一是难以获得学院的资金支持,而学校的经费也有限,还要竞争,实在艰难;二是学工组的工作人员平时工作压力已经很大了,如果学院不能给予一定的人员支持,就只能是学工组同志工作加码。"

D 书记还介绍了院里辅导员工作的情况。学院中入职 2 年之内的辅导员有 2 位,其余的都有 3 年及以上工作经历,现在的学工组长工作了 5 年,团委书记之前也是辅导员出身,工作了 7 年。所有辅导员学历都不低于硕士,部分辅导员在职攻读博士学位。D 书记表示,虽然现在的工作压力大,但这些年轻人都很敬业。按学校要求,学工干部、辅导员需要保持 24 小时开机,随时处理学生工作中的紧急情况。他提到一件事:"我们有位辅导员,年轻小姑娘,非常敬业,为了支持一名就业帮扶对象(该生在经历几次求职被拒后,产生严重的心理问题),假期也全天候陪伴该生。在她的支持下,被帮扶学生又开始投入积极的求职面试中。"

当被问及师生关系问题时,D 书记认为:"本科生和老师还好吧,容易出问题的是研究生和导师。"他的解释是,本科生通常没有科研工作压力,与学科教师或本科生导师之间基本是个人学业和生活方面的交往,较少利益冲突。但研究生因为要参与导师的科研工作,会因导师工作方式严苛、承担的科研工作繁重、科研成果认定不公等问题与导师发生矛盾。矛盾一旦不能及时有效化解,对研究生而言,最简便直接的手段就是诉诸网络,借助网络舆论同情弱者的特点,使自己获得支持,或者仅仅为了泄愤而在网上发布一些偏激的言论。

D书记还谈到学生心理危机问题。学生心理危机事件可能随时发生,但在一些特定的时间节点上会更突出。"考试前后、出成绩的时候、招聘会后,都要特别关注学生。"他还提到,过去一些不太关注的校园区域,存在安全隐患的地方,像楼梯间、楼顶、未封闭的窗户、阳台等,现在为做好安全稳定工作的考虑,正在全部覆盖监控、加装安全设施。而宿舍楼、教学楼顶现在都是封闭的,并设专人管理。学校也在不断完善学生心理援助制度,提高学生宿舍服务的质量,并且鼓励室友之间互相关爱、互相帮助。

当问到疫情对学生工作的影响时,D书记表示,疫情之后,整个学生工作的状态完全不一样了。"就业压力是每位同志(学工人员)都能切实感受到的。虽然就业难,这有高校扩招的历史原因,但疫情后的就业形势,让我们学工这边的工作压力一下就上去了。现在各高校报的就业率,里面已经包含有读研的(学生)、灵活就业的(学生),就这还有剩下的(未能就业学生),情况不乐观。我们也尽力在帮扶就业困难学生,但有些孩子的心态不好,有的不适应网络面试,也有个性问题的,帮扶工作难度大。"D书记特别提到疫情封控期间,全校学生被封在校内的情形:"当时工作压力很大,那么多学生每天光是保障他们的基本生活需求就很不容易,一日三餐要分送到宿舍,要定点、分批做核酸,还要关注学生的情绪问题,丰富宿舍文化……这些工作都需要做得很细致。"D书记觉得疫情暴发后有一点变化很好,学校从校领导到院领导,都高度重视学生工作。疫情封宿舍那会,学校规定每位研究生导师要24小时关注学生的动态,给学生们在网络上开新年联谊会,开展心理疏导,指导学生开展科研活动等。为了确保学生的安全,可以说所有在职人员,从校级领导到每一位教师都参与到了学生工作中。学院为此新建了几个学生工作群,群里的信息发布很活跃,很多人都在为解决学生生活问题想办法。此外,在疫情后期,为确保学生们顺利离校,旅途安全,学院的领导、学工人员和其他教职员工都在积极互通信息、交流经验。

五、分析与讨论

几位学工专家的工作故事呈现了他们对学生事务风险管理的个性化认识与实践，也为从微观层面观察了解高校学生事务风险管理现状提供了有效途径。借助从这一途径所获得的信息，并对其进行分析、整合，可以得到这样一些认识：

第一，当前学生事务工作压力大，学生事务风险（风险隐患）常态化存在于高校管理实践之中。几位学生事务专家都谈及了该观点。A部长指出，从事学生工作压力大，所以需要从业者有较强的心理素质、行动能力和对工作认真负责的态度，"一定要能与各类人打交道，遇到事情不能躲"。B部长认为学生工作需要时刻保持警醒的工作状态："干这个工作（学生工作）就没法没压力，所有的人（学工人员），我们都是要求24小时开机，随时待命。"D书记也提到，按学校要求，学工干部、辅导员需要保持手机24小时开机，随时应对学生工作中的紧急情况。专家们的话语不仅表达出为支持学生的正常学习、生活，确保学生工作的持续安全开展，高校学工人员长期超负荷工作的艰辛，同时也从侧面揭示出高校学生事务风险（风险隐患）常态化存在于高校实践中，需要高校管理人员强力应对的现状。

第二，有效应对高校学生人身伤害风险需要多主体参与，并需要应用多元化的风险应对措施和手段。访谈中的几位学工专家都以各自的方式表达了对学生人身伤害风险高危害性的关注，并介绍了为防控此类风险的暴发，学校管理层和学工人员所做出的种种努力。其中，B部长所在高校作为学生人身安全风险防控较为成功的高校，其经验与做法值得推广。如学校领导重视学工工作，重视提高学工人员的工作待遇，将辅导员宿舍与学生宿舍设在一起便于了解学生情况。此外，还引导宿管人员、保洁人员共同关注问题学生，减少学生意外事故的发生，特别是鼓励同班、同寝室学生之间相互照应。这些行之有效的做法，正与非传统安全理论所主张的"多元主体"参与安全问题治理的观点相吻合。此外，A部长对购买商业保险的坚持反映了他对引导外部社会主体参与学生事务风险管理的价值认同。这也恰巧是对多元主体参与风险治理合理性的又一次旁证。D书记的话语中也呈现出疫情期间,为应对学生事务领域的工作压力,校内不同类型主体参与学生事务风险治理的情境:学校里从校领导到院领导,都高度重视学生工作。为了确保学生的安全,可以说所有在职人员,从校级领导到每一位教师都参与到学生工作中。学院为此新建了几个学生工作群,群里的信息发布很活跃,很多人都在为解决学生生活问题想办法。D书记的话语向我们描绘出在中国现实国情下,高校学生事务管理中多元主体参与治理现象开始萌生的情况。

第三,高校毕业生就业风险是当前学生事务风险中较为显著的一类,此类风险的诱因多元化,对其的破解有待不断深入。D书记表示,疫情之后,学生就业风险使每位学工人员都形成沉重的心理压力。他分析了导致毕业生就业难的原因:高校扩招的历史原因,疫情暴发导致就业环境不佳,此外还有学生个性与心态问题。C副院长反映了研究生就业形势不容乐观。本被认为就业更有利的研究生,其就业率尚不如本科生。她也分析了导致研究生就业难的多种原因,如学生自己的原因、科研能力、疫情后整体就业环境不好等。D书记揭示了当前高校公布的就业率中隐含的一个问题:所统计的毕业生就业率中包含继续攻读学位的学生和灵活就业的学生。这反映出他对高校就业率数据的深入审视与关切。C副院长也谈到鼓励硕士生考博、博士生寻找做博士后的机会已经成为缓解高校研究生就业压力的重要手段。以上种种情况表明,高校学生就业问题是当前及今后一段时期内学生工作中一个需要持续关注的风险点。

第四,师生关系风险较多发生在导师与研究生之间,且可能诱发舆情风险。C副院长认为,在导师和研究生发生纠纷,进而诱发师生关系风险时,双方可能都有一定的责任,但此类事件一经网络曝光发酵,事情的性质就会发生改变,针对导师的多是负面的报道,"这严重损害了导师的社会形象"。D书记分析了导研关系更易陷入紧张的原因:研究生因为要参与导师的科研工作,会因导师工作方式严苛、承担的科研工作量、科研成果认定不公等问题与导师发生矛盾。而此类矛盾一旦激化,学生可能借助网络舆论使自己获得关注,由此诱发舆情风险。C副院长认为,学校中的导研关系问题最怕网络炒作,容易使事情的真相被歪曲,严重损害学校声誉,危害导师群体形象。而出现上述情况的根本原因则与导师和研究生对科研劳动的看法差异有一定关系。为此,今后应从完善导研双方有效对话机制和细化管理规范方面入手,积极防范师生关系风险。

第五,一些学生事务风险的暴发可能引发其他类型或层次的风险。如学生人身伤害风险处置不当,可能引发校园安全风险与舆情风险。A部长指出发生学生人身伤害事故后,积极做好家长的情绪安抚工作非常重要。"务必让对方感受到校方妥善解决问题的诚意",降低家长因骤然遭遇打击而出现不理智言行的可能性。上述现象如不能积极应对,极可能诱发舆情风险,危害高校良好声誉。此外,师生关系风险也是诱发舆情风险的重要原因之一。当导师与研究生因科研或其他方面的原因而发生矛盾时,后者通过诉诸网络媒体来尝试维护自身的利益,使高校陷于舆情风险。此外,高校人群的密集性、学生人口统计学特征中的多元性还意味着高校学生事务领域可能承受公共卫生风险、民族融合风险。如A部长指出高校民族生的家族文化特质,提示管理人员要及时排查风险,以避免民族学生涉入宗教极端主义发动的违法犯罪事件中。D书记对疫情暴发后学工领域所陷入的超负荷的工作状态,学工人员所承受的工作压力的描述,则从另一侧面展现出危机状况暴发时,学生事务领域所面临的风险与压力状态。而这就要求人们能充分识别并积极应对学生事务风险,以避免此类风险及其所造成的负面影响危害社会及国家层面的稳定和发展。

第三节　高校学生事务风险管理的高校人员调查研究

向高校教学科研与管理人员发放调查问卷,来整体研究高校学生事务风险及其管理现状,这是了解高等院校该领域管理中的问题、探析影响高校风险与风险管理因素的重要研究手段。尽管这一方式在实践中的开展也遭遇了一些问题与不利因素,但通过课题组各位同志的合作与多方努力,调查研究基本实现了预期的研究目标。

一、调研背景与基本信息

（一）调研背景

校生群体中曝出的,或直接、间接涉及该群体的风险与危机事件时有曝出,且随着时代的发展,此类事件的数量还可能呈增长趋势。这无疑会加大高校学生事务管理的工作压力,并可能使高校与学工部门面临来自公众舆论的苛责。而全面识别、有效防控学生事务风险也由此应当成为高校学工部门常态化的工作职责与内容。2019年新冠疫情暴发,高校学生事务管理面临新的压力:执行疫情防控政策使高校学生事务管理改变惯有模式,因防疫而转为线上教学可能导致学生学业成效下降,而疫情后就业市场环境不佳,则直接导致学生就业面临更高压力……上述变化可能成为学生事务管理领域新的风险诱因,或加大该领域既有风险的危害性。当然,经历疫情初发至当前两年多的调整、恢复,高校学生事务领域工作正逐步恢复常态,但疫情直接和间接对学生群体所造成的利益损害,对学工部门工作成效所造成的危害,乃至在全社会范围内可能产生的负面影响,仍然会一定程度存在。鉴于此,对国内高校教学科研人员、行政管理人员进行问卷调查,了解高校学生事务风险管理现状,甄别其中可能存在的问题,这将为持续推进高校学生事务风险管理的优化提供现实基础。这同时也是"非传统安全观视野下的高校学生事务风险与危机管理优化研究"（课题批准号:BFA170058）项目最为重要的研究构成部分。

（二）基本信息

调研时间:2022年5月10日—2022年6月10日。

调研地点:利用问卷星网站在全国范围内选择高校投放问卷展开调查。

调研对象:高校教学科研人员、教育行政管理人员。

调研方法:问卷调查法。

调研人员:课题组相关成员。

调查分工:笔者负责总体设计;其余各位课题组成员分别承担审核问卷内容的规范性,确保问卷问题不涉密,问卷推送,问卷星的制作、维护,数据的处理与分析,生成相关数据、表格、图表等方面的工作(此处隐去姓名以保护课题组成员个人信息)。

二、调查研究的预期目标

本调研是国家社会科学基金2017年度教育学一般课题"非传统安全视野下高校学生事务风险与危机管理优化研究"(课题批准号:BFA170058)的重要构成部分,它也将为深入了解当前高校学生事务风险及其管理现状提供重要的一手资料。鉴于此,确定本调研的目标如下:

首先,了解当前我国高校学生事务风险现状。通过对高校相关人员的调查,展示当前高校学生事务领域存在的各类风险,以及上述风险在不同类型高校中可能呈现出的相似性与差异性。

其次,了解高校学生事务风险管理在不同类型高校中的实施情况,探析高校管理中可能存在的问题与不足。通过对高校人员的调查,了解不同类型高校学生事务风险管理的情况,如:高校是否与多元主体间沟通风险信息;各类主体是否参与到高校风险管理实践中。从而探析高校学生事务风险管理在不同层级、层级部门(人群)间的协同程度,与外部组织间的合作状况。

再次,探析影响高校学生事务风险的高校管理因素。通过对高校风险值与风险管理各项措施和高校人员风险观念的相关检验,探析影响高校学生事务风险管理成效的因素。

最后,了解不同专业发展阶段的被调查者风险管理观念之间的差异。通过对不同职称(职级),专职与非专职,不同工作年限工作人员风险观念做差异分析,探析今后推进高校人员风险观念提升的策略。

三、调研工具与过程

(一)调研工具

本调查利用问卷星平台发放调查问卷。问卷星网是一个专门提供在线问卷调查的平台,借助该平台所提供的在线问卷设计、发放、信息收集、存储和分析处理等功能,研究者能便捷、高效、规范地开展相关调查。后疫情时代的特殊背景下,基于问卷星展开调查更能有效地规避传统面对面问卷调查的局限性。

本次问卷调查在汲取相关文献研究成果要素,并观照我国高校学生事务管理的现实要求基础上,经审慎设计并多次调整而形成。且该问卷(工具)经过学生事务专家对其概念术语给予特别修订,并经高校相关部门领导对其合规性与保密性的审核,从而最终形成了包括被调查者个人及其所属高校的基本信息,被调查者对后疫情时代高校学生事务风险的认识,被调查者对高校治理学生事务风险所采取的治理措施的了解,被调查者对学生事务风险影响范围及其防控主体的认识,共四部分,合计21道选题的一套问卷。问卷具体题项和量化标准详见附录1。

(二)调研过程

1. 确定调查对象

对高校学生事务风险了解较为深入的人群,通常为高校专职学生工作人员,包括院系辅导员、学工领导;高校学工部领导与行政人员,主管学生工作的校级领导等。此外,高校里还有多类人员也在实践中从事与学生相关的教学、管理与服务工作。因此本调查最终确定针对高校教学科研与行政管理人员群体展开。

2. 调查问卷发放

考虑到通常情况下,调查研究者直接向高校管理部门推送问卷较难获得回复,课题组成员经协商,最终确定依据便捷原则,由课题组成员,借助个人微信的同事群、学会群、同门群等推送手机端和电脑端调查问卷链接。这种借助熟人人际关系来实现向国内不同类型、不同层次高校教学与管理人员投放问卷的方式,基本能保障本调查研究需要获得的回收问卷的数量与质量要求,且能较有效避免问卷链接外流,避免了不相关人员出于恶意获取问卷调查补偿费而随意填写的无效答卷。最终,本次调查共收集到662份有效问卷(剔除11份无效问卷后),有效率高达98.37%。

3. 数据处理分析

本调查所获取的相关数据将通过两种方式进行处理分析:①借助问卷星自带功能处理,这主要用于对被调查者特点(例如,所在高校类型、工作年限、专职与否)及高校学生事务风险相关的信息数据的描述性分析呈现;②使用统计分析软件Spss 22.0对调查获取的相关数据进行推断性分析,进而获得对国内高校学生事务风险、风险管理的整体状况、影响风险管理成效因素的了解。

四、问卷调查数据统计结论与研究建议

(一)问卷调查数据统计结果及分析

1. 当前高校学生事务风险的状况如表3-1所示,

高校各类学生事务风险的整体均值处于中等水平(3.698 > 风险值 > 3.235,详见上表最右边一列"整体高校")。学生事务风险的整体均值按降序排列分别是"在校生人身伤害风险""师生关系风险""在校生遭遇网络诈骗风险""舆情安全风险""校园稳定风险""在校生创业风险""毕业生就业风险""在校生学业风险""在校生学术违规风险""学生事务资金风险"。其中,前四位风险值都大于3.6。

表3-1 当前不同类型高校各类学生事务风险的方差统计结果

名称	985高校	211高校	除上述两类之外高校	整体高校
毕业生就业风险	3.642 ± 3.032	3.838 ± 2.684	3.179 ± 2.235	3.387 ± 2.452
在校生学术违规风险	4.250 ± 2.924	3.718 ± 2.343	2.860 ± 2.119	3.235 ± 2.322
在校生学业风险	3.805 ± 3.035	3.806 ± 2.280	2.989 ± 2.290	3.271 ± 2.396
在校生人身伤害风险	4.419 ± 2.907	4.337 ± 2.403	3.249 ± 2.367	3.698 ± 2.487
在校生遭遇网络诈骗风险	3.838 ± 3.051	4.170 ± 2.574	3.378 ± 2.561	3.635 ± 2.632
学生事务资金风险	4.118 ± 3.208	3.478 ± 2.370	2.680 ± 2.184	3.059 ± 2.409
师生关系风险	4.824 ± 3.109	4.154 ± 2.556	3.259 ± 2.368	3.694 ± 2.567
在校生创业风险	4.345 ± 2.832	3.878 ± 2.455	3.180 ± 2.427	3.542 ± 2.515
校园稳定风险	4.167 ± 2.937	4.037 ± 2.533	3.198 ± 2.469	3.554 ± 2.562
舆情安全风险	3.676 ± 2.972	4.292 ± 2.600	3.282 ± 2.579	3.630 ± 2.658

985高校各类风险平均值按降序排列分别是:"师生关系风险""在校生人身伤害风险""在校生创业风险""在校生学术违规风险""校园稳定风险""学生事务资金风险""在校生遭遇网络诈骗风险""在校生学业风险""舆情安全风险""毕业生就业风险"。其中,前六位风险值都大于4。

211高校各类风险平均值按降序排列分别是"在校生人身伤害风险"

"舆情安全风险""在校生遭遇网络诈骗风险""师生关系风险""校园稳定风险""在校生创业风险""毕业生就业风险""在校生学业风险""在校生学术违规风险""学生事务资金风险"。其中,前五位风险值都大于4。

除上述两类之外高校风险平均值按降序排列分别是:"在校生遭遇网络诈骗风险""舆情安全风险""师生关系风险""在校生人身伤害风险""校园稳定风险""在校生创业风险""毕业生就业风险""在校生学业风险""在校生学术违规风险""学生事务资金风险"。需要关注的是,此类高校各类风险值均小于3.4。

基本结论:

首先,当前高校各类学生事务风险值虽有差异,但均处于中等程度,这说明各类高校承受各类学生事务风险压力这一现象具有普遍性,这提示高校今后应在学生事务风险管理方面投入更多的资源。

其次,不同类型高校在不同类型风险的排序方面呈现差异性:985高校各类风险平均值按降序排列前三位分别是"师生关系风险""在校生人身伤害风险""在校生创业风险",提示此类高校学生工作在追求学术卓越的同时,应关注构建良好师生关系,并不断提升学生生存与发展环境条件;211高校各类风险平均值按降序排列前三位分别是"在校生人身伤害风险""舆情安全风险""在校生遭遇网络诈骗风险",提示此类高校学生工作除要关注改善学生生存发展环境条件外,还要特别防控外部不良因素对学生安全的威胁;上述两类之外高校风险平均值按降序排列分别是"在校生遭遇网络诈骗风险""舆情安全风险""师生关系风险",提示此类高校要积极防控外部不良因素对学生安全的威胁,并致力于构建良好师生关系。

如表3-2所示,985高校除"毕业生就业风险"(风险值2.000)外,其他类型风险值均较高(风险值4.000)。

表3-2 当前不同类型风险在不同院校间差异性的非参数统计结果

高校类型 (中位数)	毕业生就业风险	在校生学术违规风险	在校生学业风险	在校生人身伤害风险	在校生遭遇网络诈骗风险	学生事务资金风险	师生关系风险	在校生创业风险	校园稳定风险	舆情安全风险
985高校 (n=105)	2.000	4.000	4.000	4.000	4.000	4.000	4.000	4.000	4.000	4.000

续表

高校类型 （中位数）	毕业生就业风险	在校生学术违规风险	在校生学业风险	在校生人身伤害风险	在校生遭遇网络诈骗风险	学生事务资金风险	师生关系风险	在校生创业风险	校园稳定风险	舆情安全风险
211 高校 （n=211）	4.000	3.000	4.000	4.000	4.000	3.000	4.000	4.000	4.000	4.000
以上两类之外的高校（n=320）	2.000	2.000	2.000	2.000	2.000	2.000	2.000	2.000	2.000	2.000
Kruskal – Wallis 检验统计量 H 值	5.922	21.929	10.228	15.450	4.960	9.186	12.971	6.202	9.027	8.090
p	0.052	0.000**	0.006**	0.000**	0.084	0.010*	0.002**	0.045*	0.011*	0.018*

* $p<0.05$ ** $p<0.01$

注：为呈现不同类型高校间的风险值差异，此处采用了非参数检测分析。

211 高校整体风险值最高，除"在校生学术违规风险"和"学生事务资金风险"（二者风险值均为3.000）外，其他类型风险值均为4.000。

上述两类之外高校的风险值相比前两类明显低，其各类风险值均为2.000。

值得注意的是，"毕业生就业风险"和"在校生遭遇网络诈骗风险"是两类在不同类型高校的风险值间不存在差异性的风险。

基本结论：

对不同类型风险在不同高校间差异性的非参数统计结果显示，当前与985、211这两类高学术声誉的高校相比，非此两类的高校，学生事务风险方面的压力更大，而毕业生就业风险虽然在985高校中的中位数风险值为2.000，但在其他类高校间却无统计学意义上的差异性，这表示，当前各类高校承受学生就业风险压力、遭受网络诈骗风险危害是一个普遍现象。

2. 当前高校学生事务风险管理的状况

如表3-3所示，当前不同类型高校间在高校风险信息App的主体数、实际参与学生风险管理主体数方面存在显著的组别差异，但在高校所采用的风险管理措施数方面不存在组别差异。

表3-3 不同类型高校在风险管理实施方面的差异分析

方差分析结果

项目	2.您工作的高校类型是(平均值±标准差)			F	p
	1.0(n=61)	2.0(n=164)	3.0(n=428)		
风险信息App的主体数	0.54±0.28	0.57±0.28	0.70±0.23	18.383	0.000**
实际参与风险管理主体数	0.35±0.21	0.42±0.28	0.53±0.28	18.460	0.000**
风险管理措施数	0.94±0.17	0.89±0.25	0.89±0.21	1.402	0.247
按高校类型的平均值	0.698±0.175	0.661±0.179	0.738±0.16619		

$^*p<0.05$ $^{**}p<0.01$

注:不同类型高校在风险管理实施方面的组别差异是将高校风险信息App主体数、实际参与风险管理主体数、风险管理措施数转化为0至1间的小数,然后进行统计分析处理。

如表3-4所示,当前不同学术声誉层次高校在"实际参与风险管理主体数""风险信息App的主体数"这两个方面存在显著的相关,但在高校所采用的风险管理措施数方面不存在相关性。

表3-4 高校类型与高校风险管理实践的相关分析

皮尔逊(Pearson)相关性检测			
检测项目 \ 检测对象	高校类型与实际参与风险管理主体数	高校类型与风险信息App的主体数	高校类型与风险管理措施数
皮尔逊相关性	-0.230**	-0.259**	0.05
显著性(双尾)	<0.001	<0.001	0.274

$^{**}p<0.01$级别(双尾),相关性显著。

注:上表是将不同类型高校依据学术声誉高低分别赋值(985、211、这两类之外的高校分别赋值6、4、2),然后与实际参与风险管理主体数、风险信息App的主体数、风险管理措施数这3项分别展开相关性检测的结果。

基本结论:

高校间在"风险信息App的主体数""实际参与风险管理主体数"方面存在显著的组别差异,且相关检测亦表明,越是学术声誉高的学校,这两项的分值越低。这说明越是学术声誉高的高校,其内部风险管理协同性方面越不足。学术声誉越高,学校规模通常更庞大,其内部结构更复杂松散,其各部门功能更为分化,导致整体风险管理实践发展滞后;但高校风险管理措施数在不同学校类型间差异不明显,这从一个侧面反映出当前各类高校都在风险管理方面采取了较为积极的实践行动。

3. 影响高校风险管理成效的因素

(1)探究高校风险管理各要素与高校总体风险之间的关系。

将高校所采取的风险管理措施数(5项)与高校风险信息App的主体数(12项),被调查者实际选项数转化为相应数值,再分别与高校总体风险的评值展开相关分析,其结果呈现为表3-5:

表3-5 高校风险管理与高校总体风险值间的相关关系分析

项目	高校总体风险值
高校中实际参与学生事务管理的主体数	-0.145**
高校风险信息App的主体数	-0.254**
高校所采取的风险管理措施数	0.124**

*$p<0.05$ **$p<0.01$

如表3-5所示:"高校中实际参与学生事务管理的主体数""高校风险信息App的主体数"与风险值之间呈显著负相关,但"高校所采取的风险管理措施数"与风险值之间却呈现显著正相关。

基本结论:

"高校中实际参与学生事务管理的主体数"与风险值之间呈负相关,表明越多主体参与到高校学生事务风险管理中,越有利于该领域提升管理成效;"高校风险信息App的主体数"与高校风险值间呈显著负相关,表明越多主体能获得风险管理信息,越有助于降低高校学生事务风险;而"高校所采取的风险管理措施数"与高校风险呈现显著的正相关,这从一侧面说明,高校面临的风险压力越大,其将趋向采取更多的风险应对措施。当然,是否能在一定时期内降低风险,还取决于高校风险管理措施的科学性、有效性等多种因素的作用影响。

(2)探究高校人员风险观念与高校总体风险之间的关系。

探究高校人员风险管理观念水平值(被调查者对风险影响的范围选项数,哪些主体参与风险管理的选项数)与高校总体风险值之间的关系。

将被调查者对风险影响的范围选项数,哪些主体参与风险管理的选项数,分别与高校总体风险值间展开相关分析,其结果呈现为表3-6:

表3-6 高校人员风险管理观念值与高校总体风险值间的相关关系分析

项目	高校总体风险值
学生事务风险的影响范围	-0.148**
应当参与防控学生事务风险的主体	-0.149**

$^*p<0.05$ $^{**}p<0.01$

如表3-6所示,高校人员对学生事务风险影响范围的观念值与高校风险值间存在显著负相关、高校人员对应当参与防控学生事务风险的主体数值与风险值之间存在显著负相关。

基本结论:

高校人员良好风险观念既是一定时期高校风险管理实施的结果,同时也将为之后高校风险管理赋予丰沛的人力资源。因为对风险危害性的充分识别,对多元主体应参与风险防控的观念认识,有助于高校人员自主(或引导其他主体)参与到对学生事务风险的管理实践中,这将有助于提升风险管理成效。鉴于此,在高校管理实践中应发展工作人员良好的风险管理观念。

4.高校人员风险管理观念与其专业特征间的关系

(1)探究非专职学工人员与专职学工人员的风险管理观念是否存在差异性。

如表3-7所示,反映非专职学工人员风险管理观念水平值的两项:"工作人员对学生事务风险的影响范围的认识""工作人员对应当参与防控学生事务风险的主体的认识"的平均值与标准差分别为3.34±1.011、8.18±3.399。

表3-7 非专职与专职学工人员风险管理观念值差异的T检验

项目	风险管理观念的平均值(标准差)		风险管理观念值的差异显著性
	非专职学工人员	专职学工人员	
工作人员对学生事务风险的影响范围的认识	3.34±1.011	2.89±1.108	$P<0.001$
工作人员对应当参与防控学生事务风险的主体的认识	8.18±3.399	5.95±3.696	$P<0.001$

反映专职学工人员风险管理观念水平值的两项:"工作人员对学生事务风险的影响范围的认识""工作人员对应当参与防控学生事务风险的主体的认识"的平均值与标准差分别为2.89±1.108,5.95±3.696。

非专职学工人员风险管理观念水平值与专职学工人员风险管理观念值间存在显著差异,且前者高于后者。

基本结论:

非专职人员相比专职学工管理人员风险管理观念水平更高,这种看似不合理的结果能反映出现实存在的问题。非专职人员较少受学工管理惯例的干扰,能够基于自己的观察理解,从最有利于风险防控的应然层面做出反馈;而专职人员虽然有更多实践经验,但却可能因之而形成"定势",从而呈现出一定的观念僵化,其所做出的反馈可能并不利于对问题的最佳解决。因此,积极以非传统安全理论中的共同体治理的观点来引导高校专职学工人员转变观念,积极探索与校内、外各类主体寻求合作具有现实迫切性。

(2)探究高校人员风险管理观念值的高低是否与其任职年限相关。

如表3-8所示,高校人员风险管理观念水平值两项:"工作人员对学生事务风险的影响范围的认识""工作人员对应当参与防控学生事务风险的主体的认识"与高校人员任职年限间存在正相关。

表3-8 高校人员风险管理观念值与其任职年限间的相关分析

项目	相关性	任职年限
工作人员对应当参与防控学生事务风险的主体的认识①	皮尔逊相关性	0.125*
	显著性（双尾）	0.036
工作人员对学生事务风险的影响范围的认识②	皮尔逊相关性	0.190**
	显著性（双尾）	0.001

①* 在0.05级别（双尾），相关性显著；②* 在0.01级别（双尾），相关性显著

基本结论：

高校人员风险管理观念水平值与其工作年限之间存在正相关，这提示我们应当加强对初入职及工作年限较短工作人员的风险管理观念培育，从而持续为高校学生事务风险管理提供坚实的人力资源支持。

(3)探究高校人员风险管理观念值与其职称（职级）是否存在联系。

如表3-9所示，高校人员风险管理观念水平值（即"工作人员对学生事务风险的影响范围的认识""工作人员对应当参与防控学生事务风险的主体的认识"各自的选项数）与高校人员职称（职务）级别间存在正相关。

表3-9 高校人员风险管理观念值与其职称（职级）的相关分析

项目	皮尔逊（Pearson）相关性检测	职称（职级）
工作人员对学生事务风险的影响范围的认识	皮尔逊相关性	0.086*
	显著性（双尾）	0.027
工作人员对应当参与防控学生事务风险的主体的认识	皮尔逊相关性	0.087*
	显著性（双尾）	0.026

*$p<0.05$ 级别（双尾），相关性显著。

基本结论：

高校人员风险管理观念水平值与其职称（职务）级别之间存在正相关，这也与之前相关性检验结果一致，提示我们应当加强对初入职及工作年限较短工作人员的风险管理观念的引导，以不断优化高校学生事务风险管理的人力资源基础。

(二)研究建议

1. 引导高校管理层充分认识当前学生事务领域的风险现状,为该领域管理配置充分的资源

当前各类高校都承受着多类学生事务风险的压力,且风险压力值多在中等程度。为此高校管理层应积极通过高校管理制度与管理模式的改革,通过调整高校财务预算标准,来为该领域管理配置充沛的财力与人力资源。此外,不同类型高校所面临的各类风险的严峻性排序具有一定差异,这要求高校根据自身类型、特质与现实风险问题来确立学生事务风险管理的目标,采取有针对性的管理措施。

2. 引导高校通过多种方式发展高校工作人员的风险管理观念意识

随着风险管理观念意识的不断完善,广大高校教职员工能逐步认识当前学生事务风险的危害性,认识到多元主体参与风险管理的价值。这有助于高校中的每位教职员工与学生在日常工作与生活中及时识别学生事务风险,进而在力所能及的情况下参与到风险防控工作中。

3. 通过畅通高校风险信息传播渠道来提高高校风险管理水平与管理成效

通过运用线上与线下多种形式的信息沟通渠道,支持高校各类工作人员及能为学生风险防控做出贡献的其他主体,都能及时获取相关风险信息,从而能及时、有效地采取风险应对行动。此外,该信息传播渠道也能用于各类主体分享自己个性化的风险管理经验。所有这些将有助于高校风险管理成效的提升。

4. 引导高校积极整合外部社会主体的风险管理功能,不断提升自身学生事务风险管理成效

调查中发现,引入外部社会主体参与高校学生事务风险管理方面的两个选项的被选择率很低,"政府管理部门"应当参与的比率为38.67%,而实际参与的比率24.85%;"外部社会主体(如保险、医疗、专业协会、研究会、爱心团体等)"应当参与的比率为38.07%,而实际参与的比率为24.26%。这表明高校在积极借助多元主体力量,形成学生事务风险"治理共同体"方面的认识与实践还有待提升。鉴于此,今后应引导高校组织转变观念,积极创造条件来突破管理固化,以引导多元主体参与到高校学生事务风险管理实践中。

第四章 高校学生事务风险管理的反思与重构

前期的访谈与问卷调查研究表明,当前,各类学生事务风险普遍存在(或潜藏)于高校日常管理中。这无疑会使高校学工人员在日常工作中持续承受较大的工作压力。这也导致,尽管他们每日满负荷地努力工作,却不一定能获得学生方、高校管理层、外部公众、媒体,乃至其自身对学生管理工作成效的应有肯定。此外,可能暴发的各类风险还会持续挑战广大学工管理人员所能承受的心理压力极限。鉴于此,应深入探查既有的管理实践在应对高校学生事务风险方面可能存在的问题与不足,分析其产生发展的内在机理并基于此而开启有效的改革优化行动。

第一节 高校学生事务风险管理反思

有效管理实践必须依靠科学的管理理念指导、充沛的管理资源支持和有效的管理主体功能发挥。故此,在谋求不断优化学生事务管理实践的进程中,需要重点从上述几方面入手来识别,进而消除当前管理运行中可能存在的问题与不足。

一、既有管理观念中可能存在的不足

受一定时期管理观念状态与高校管理惯常做法的影响,高校学生事务管理人员(包括其他与学生工作有关的人员)在关于学生事务风险管理方面会形成一定的理念。其中积极正确的认识将指导支持高校相关管理实践的发展,反之,那些消极、片面的认识,会阻碍该项实践的优化完善,由此必须要予以纠正。鉴于此,要特别关注以下几方面:

首先,高校管理人员未能对当前学生事务风险的多元性、风险所造成危害的弥散性有充分的认知。在高校组织中,风险是指那些对组织实现自身各个层次目标与使命的能力可能造成负面影响的事件或状态[①]。依据这一概念,学生事务管理部门(高校组织中的一个下级组织)亦可能因种种潜在的或已经曝出的不良事件或状态而威胁到自身领域多元目标与使命的达成,从而遭遇风险或陷入风险状态。而实践中,高校学生事务领域也已显现出多类风险,如人身伤害风险、学生就业风险、学生遭遇网络诈骗风险等(本书中的访谈与问卷调查研究亦揭示了这一点)。然而,在当前高校人员的观念中,依然存在将学生事务风险窄化理解为学生人身安全风险的倾向。由此,学生事务风险管理被简单化为通过强化院系学生人身安全管理,辅之以购买商业保险来弥补人身伤亡事件中对当事学生的损害赔偿。应当承认,这种风险管理理念下的管理实践在过去也许能基本实现对所谓学生事务风险的控制,但随着当代社会环境的激烈变化,高校学生考学、求职竞争压力的不断攀升,高校学生群体中身心薄弱人群规模不断增大,社会公众与媒体在对涉及人的生命、人的尊严、人的发展问题投以越来越高关注的情况下,高校学生事务风险发生的可能性与危害性也将不断攀升。在这种情况下,将对学生事务风险的理解依然局限于学生人身安全管理方面,不仅是对高校学生事务风险的多样性、风险所影响到的主体的多元化、风险所造成危害的弥散性现实的无视,更会在实践中导致高校学生事务风险管理内容与范围的狭隘化,从而无法实现对高校学生利益的全面保障。这种情况将阻碍学生事务管理领域的与时俱进,危害高校教学、科研、社会服务、国际交流与文化创新等多元组织使命的有效达成。

其次,高校人员未能充分认识多元主体参与风险治理的价值与重要性。将学生事务风险管理理解为只是学工部门的职责,这是当前依然存在于高校多类人群,包括一些学工管理人员观念中的错误认识。当代社会环境激烈变化,导致高校学生事务领域面临多种风险,如人身伤害风险、学生就业风险、学生遭遇网络诈骗风险等。然而,受学生事务风险管理仅仅是学生工作部门职责这一狭隘认识的影响,在当前高校管理中,多元主体参与学生事

---

① 郭洁.美国多校园大学的风险管理[M].北京:教育科学出版社,2010.

务风险治理的格局还未能形成,学生事务风险管理的通常模式为:在主持学生工作的校长领导下,校学工部牵头,统筹学院一级学工管理队伍来承担学生事务风险管理。这种管理模式下,学工管理人员常陷于满负荷甚至超负荷工作状态,更为不利的是,面对实践中风险发生的可能性与危害性不断攀升的现实挑战,高校学生事务风险管理将会从初时的勉强为之发展为最终的独木难支,由此,必然难以维持该领域管理的成效。而这将有悖于减少在校生群体不可逆性的身心损害,积极救济因学生事务风险事件而遭受权益损害的个体等管理目标的达成。甚至可能使该领域管理成效不足的状况遭受外部公众抨击,承受上级领导问责,并可能使高校组织陷于合法性危机的泥沼。

再次,高校人员未能充分认识到学生事务风险信息公开的重要性与迫切性。在学生事务风险管理方面,高校管理人员和教育行政管理部门可能都存有这样一种观念局限:为了维持高等教育系统的良好组织形象,维护每一所高校的良好声誉,更为了避免针对负面事件的舆论冲击以维护社会的稳定,学生事务管理领域一些敏感的信息并不适合向更广泛的群体公布。由此,类似高校学生人身伤害、高校学生就业难这些业已在学生事务领域出现,并可能诱发较为严峻风险态势的棘手问题或事件,公众通常并不能通过官方渠道获得他们希望获知的全部信息。由此,通过网络自媒体获取信息就成为公众的替代性选择。然而,网络自媒体信息往往会使此类风险事件以一种令人非常惊骇的方式呈现在公众的视野中。在类似"寒门博士自杀案"[1]这样的事件中,当事人的不幸经历被进一步悲情化,涉事高校人员行为不当及管理不到位被进一步放大,使此类事件从利益双方互相的争议升级为公众舆论一边倒式的声讨,其引发的有失公允的认识不仅危害当事高校的良好声誉,更可能会使此类事件与社会的不公、强权者对不利群体的欺凌等敏感点相联系,由此引发的公众负面情绪的积蓄可能对社会的长期稳定发展造成不利。一定程度上出于规避上述不利情况的考量,高校管理部门或部分学工领导会选择不公开(或不充分公开)此类高校学生事务风险事件信息,这一做法使高校在学生事务风险事件暴发时极易陷入被动应对,从而

---

[1] 郭路遥. 寒门博士之死[N]. 中国青年报,2018-01-17(10).

不仅不利于事实真相的厘清,还可能加剧公众舆论对高校管理的质疑,使舆论暴力不合理地介入此类事件的处理过程,从而可能造成事实上的"民意"驱逐公正,导致对高校学生风险问题的处置难以回归公平、公正、和谐、互助的轨迹。

二、学生事务管理在高校资源获取中处于不利地位

高校学生事务管理所必需的资源至少包括财力资源、人力资源和制度资源三方面。事实上,能获取充沛的资源是确保该领域工作有效开展的前提条件。然而,在此方面,高校学生事务领域或面临不利。

首先,高校学生事务管理部门在财力资源的获取方面不占优势。近几十年,我国高等教育迎来了大发展,各高校纷纷投入可观的财力资源于优秀人才引进、科研成果奖励、高校国际化发展等方面,以便能在较短时间内实现高校的学术发展、教学卓越和声誉提升。然而,相较于高校其他领域通过追加投入而可能取得的高效益或预期的高效益,高校学生事务管理作为基础性管理领域,往往不易获得资金投入,因为其收益不外显、不明确,这可能导致学生事务管理领域淡出高校管理层的视野,不能享有在高校财务预算分配中的平等竞争地位。由此,该领域不易获得充沛的管理资金支持。而这将会在不同层面阻碍该领域改革优化进程的推进。例如,加强学生安全教育,运行更全面的学生心理危机干预计划,提升从业人员薪资以吸引更具专业意识与职业能力的学工人员,增设更多的学工岗位以减少人均工作时间或工作量,所有这些都需要充沛的资金保障。而现实是,该领域一直处于资金局限的状态,这必然不利于对高校学生事务风险管理成效的提升。

其次,高校学生事务管理的人力资源队伍建设与优化方面存在不足。学生事务管理工作头绪多,风险事件可能发展在该领域的各个方面、各个环节,这导致该领域日常工作强度大,迫切需要吸纳工作能力强,善于及时、灵活处理各类突发事件,具有较强的工作责任心和某方面专长与优势,如具有心理咨询专业背景、文体才艺特长、民族生活背景等的专业工作人员和能有效适应学生事务管理工作的高强度、高挑战性的优秀管理人才进入学生工作团队。但囿于当前人事招聘中的制度壁垒与惯常做法的影响,高校辅导员队伍的人员补充基本来源于应届高校本、硕、博毕业生,他们虽然有高校学习生活的丰富经验,有些甚至也有一定的专业特长与个人优势,但由于社

会生活阅历不丰富,对各类压力与挫折的承受力不足,当其直面管理工作中的压力与挑战时,易产生职业挫败感,甚至陷入职业倦怠。如果再加上对岗位初入职薪金待遇的不满,则当事人谋求转岗或离职就成为自然的选择。而这种情况的频频出现,会动摇学生事务风险管理的人力资源基础,从而危害学生事务管理部门后续工作成效的保持与提升。

最后,高校学生事务管理在获得必需的制度资源支持方面处于不利。当代高校承担教学、科研、社会服务、国际交流、文化创新等多重组织使命,其内部结构日趋分化且各部分间相互作用影响,由此高校各类工作与活动也日趋丰富而富于变化。这种情况下,学生事务风险可暴发于高校工作的各领域与环节,故关于此方面的管理压力必然激增。然而,在长期高校管理所形成的惯常做法下,学生事务风险管理作为事务性工作领域,在条块分割的管理部门工作职责划分中,是隶属于学生事务部门的专门性职责。这意味着,学生事务管理部门争取多部门支持方面缺乏必要的制度依据。然而,面对现实中不断增长的学生事务风险类型、不断加大的学生事务风险压力,学生事务部门必须争取多部门合作来应对此类风险,唯有如此,才能逐步突破本部门因财力资源、人力资源方面的不足而陷入的发展瓶颈,进而实现自身管理成效的不断提升。然而,当前的现状是,高校核心管理层尚未对学生事务风险管理给予充分的关注与必要的政策倾斜、组织支持,因此学生事务管理部门承受沉重工作压力的情况一直未有改观,且可能在未来陷入不堪重负的状况。

三、社会主体风险防控功能的缺位

随着当代高校学生事务风险,尤其是其中具有高危害性,且危害范围泛化的风险事件的曝出,遭受风险危害的利益主体已经不仅局限于部分学生及其家庭。事实上,从一个更长期的范围内考察,随着受风险危害的学生群体规模的不断扩大,学生事务风险所造成的危害性将难以避免地被投射到社会与国家层面。例如毕业生就业挫折,如果只是影响到较小范围内的学生的利益,其所造成的社会与国家层面的危害性就是可控的,但如果是越来越多的高校毕业生不能就业(或合理就业),其所造成的直接危害和次生危害将可能诱发社会层面的不稳定。这种情况下,除了国家运行种种调控政策来消解风险危害,高校组织不断加强风险管理来降低风险发生率和风险危害性外,其他多类主体也应积极加入对风险的应对行动中。非传统安全研究亦为我们揭示出,为有效应对一些棘手的安全问题,应积极探索整合来自高校、专家群体、公民社会、政府机构乃至国际组织等多元安全保障主体(security actors)的管理功能[①]。然而,当前,就有效应对我国学生事务风险而言,社会多元主体却显然游离于这一目标之外。首先是学生个体及其家庭,其未能有效焕发自身在应对风险危害方面的积极功效。例如在防范人身伤害风险、学业风险、就业风险方面,有相当多的家庭未能引导子女合理规划学习、生活与未来发展,以积极规避风险危害。其次,社会公众与媒体更多对高校管理成效给予苛责,相反,其在引导公众客观看待风险事件、公平妥善解决风险问题方面所发挥的正向引导不足。高校出于担心自身声誉受损,多倾向于不公开或部分公开高校该领域管理的信息与数据,由此也一定程度导致高校间、高校内部与外部社会间无法就学生事务风险管理建立有效的数据信息交流与管理成果共享机制。在这方面,政府、教育行政管理部门和高校虽然已建立了一定的管理制度,颁布了一些应急预案,然而在有效评价、监控此类风险与危机管理方面依然缺乏全面、及时更新的数据支持;在引导高校该领域管理优化方面,尚未建立完善的评价指标体系和质量认证标准。此外,社会上的保险公司、专业研究会、安保公司等在国外相关领域中积极发挥自身支持与服务功能于高校管理的各类社会服务组织,目前在我国的发展尚不成熟,它们对高校学生事务风险管理的技术支持与有效服务功能尚不显著,如我国商业保险所提供的服务产品不能充分与高校需求相结合,高校风险管理专业研究会尚未生成,安保组织针对高校的服务尚属空白,以上种种不利于高校学生事务风险管理获得宝贵的社会管理资源,使相关管理难以摆脱孤独成长的不利。为积极应对高校学生事务管理领域不断上升的风险压力,当前打破阻碍该领域发展的制度障碍,致力于建立一个整合了多元社会主体管理力量与管理资源的系统已势在必行。

---

① MELY C A. An introduction to non-traditional security studies[M]. Thousand Oak: SAGE Publications, 2016: 16.

第二节 高校学生事务风险管理重构

高校学生事务中的风险问题,许多都具有始发性、潜在性、复合性、扩散性等非传统安全问题的特质。因此,应及时明确此类风险(或其中部分风险)问题有正在从潜在的安全问题发展成为现实安全问题的趋势。与此同时,全面深入识别此类安全问题的具体内容,甄别出其中可能危害的利益相关者群体,构筑起多元主体共同参与的风险社会治理机制,将是积极治理此类风险问题,消减其危害范围与降低其危害程度的合理路径。

一、高校管理理念重构

构建包容多元主体利益诉求的高校管理理念是当前优化、重构高校学生事务管理的首要任务。为此,应当以非传统安全理论为观照,结合高校管理的现实情境,确认学生事务风险的利益相关者——高校核心领导层、高校各管理部门、涉事学生及其家庭、公众、政府、媒体及其他可能有所关涉的社会主体。在此基础上,突破一系列的观念桎梏,这包括:改变将学生事务风险管理理解为对学生人身安全风险的管理的狭隘认知;深入认识在围绕如何衡量学生事务风险管理成效的过程中,满足多元主体利益诉求是最为核心的标准;改变将学生事务风险管理主体仅指向于学工部门的狭隘观念,充分树立引导多元利益相关者参与风险管理是唯一通向有效管理学生事务风险的路径的理性认识;充分识别闭塞学生事务风险信息通道所可能诱发的多元主体间的彼此质疑,甚至相互对立的危害性。总之,在摒弃了上述非理性认识的基础上,逐步构建起能观照多元利益相关者诉求的高校学生事务风险管理理念。这可以具化为一个多层次的风险管理目标群:①基本目标,以有效的学生事务风险管理来支持高校组织使命的达成。即,确保高校学生事务领域风险事件的发生率及其所引发的各类风险损失降到最低(或高校所能承受的范围内),从而支持高校的平稳运营发展。基本目标的设置直指高校学生事务风险管理的成效,但却对高校教学、科研、社会服务、文化创新等多元使命达成发挥着基础性作用。②拓展目标,以有效的学生事务风险管理来应答多元利益相关者的诉求,即通过合法、和谐、有序地治理本领域各类风险问题,使高校管理运行能契合公序良俗,遵守法律法规、顺应民意舆论。在实践中,高校学生事务管理并非孤立地存在。因为随着高等教育机构与外部合作交流程度的不断增大,随着学生事务领域风险事件曝出呈上升趋势,高校外部利益相关者对高校的决策与管理行动所投以的关注也不断上升。这种情况下,有效应对学生事务风险问题,切实做好风险暴发后对利益损害者的补偿,积极面向媒体与外部公众做好对相关风险事件及其处理结果的信息公开,这是为高校组织行为的合法性做有效背书,从而维护高校自身的良好声誉的必然选择。③终极目标,以有效的学生事务风险管理来支持社会与国家的安全建设。在当代社会,随着学生事务领域一些风险问题危害性与危害范围的增大,学生事务风险可能发展为新的安全问题。这种情况下,有效遏制学生事务风险事件的发生率,降低其危害性,这将为维护社会稳定与支持国家安全建设贡献力量。个体高校的集聚构筑起了一国高等教育系统,该系统作为国家系统的子系统,一方面受国家系统的作用影响,另一方面,该子系统对于国家系统的稳定与发展发挥着一定的反作用。从这一意义上讲,积极规避个体高校的风险,是提高高等教育系统风险韧性的重要举措,而高等教育系统抗风险能力的提升又将为国家系统的安全、稳定产生积极影响。故此,在当代社会,应充分认识到学生事务风险管理对保障高校之外的国家与社会安全所具有的重要价值。总之,基于非传统安全视野来架构管理理念、管理目标,是积极回应高校学生事务风险管理现实压力与未来挑战的必然要求,同时也是为实现更广泛的国家与社会安全目标不可或缺的要件。

二、高校管理结构与制度的重构

伴随非传统安全问题(non-traditional security issues)尤其是非国防与军事性的安全问题,如人权问题、反腐问题、环境问题等的凸显,围绕某一非传统安全问题的治理者群体逐步形成[1]。在这一观点下审视高校组织内部的

---

[1] MELY C A. An introduction to non-traditional security studies[M]. Thousand Oak:SAGE Publications,2016:36-37.

管理,就有效治理学生事务安全风险而言,应当逐步孕育起一个"治理者群体"。而这一目标的达成,就需要得到高校核心领导层及校内多元管理部门的倾力支持。然而审视当前高校管理实践,高校核心领导层通常不直接参与该领域管理,高校管理条块分割的痼疾也难以在短期内得到有效治理。这种情况下,仅由学生事务管理部门牵头,寻求多部门合作来开展学生人身伤害风险管理,难度大、执行力有限。而欲走出上述困境,需要从高校管理结构与制度重构方面探寻突破口。具体而言,针对高校学生事务管理领域的资源配给不充沛的问题,应有来自高校核心管理层的特别观照,包括观念引导与政策倾斜,以便引导高校中多部门参与到学生事务风险管理的组织与制度体系中。而就此方面而言,美国加拉格尔高等教育智库(Gallagher higher education thinktank)早在2009年发布的高校风险管理公告中给出了提示。公告中指出:为应对风险与危机事件,要建立包括多部门(教务长办公室、风险管理部、经营管理部、法律事务部、学生事务部等)主管在内的高校风险委员会(Risk Council)。考察我国高校管理,为应对一定时期高校面临的风险与危机事件(或状态),校领导也会责成多部门成立临时工作小组展开联合治理行动。鉴于此,升级既有的工作小组为直属校长办公室的正式机构,或通过逐步吸收校内多部门领导来组建风险委员会,这二者都有助于加强校内各部门管理的协同性,从而为开展高校学生事务风险管理构建有益的高校管理环境。而上述高校组织与制度层面的优化,不仅是在短期内有效缓解学生事务部门沉重工作压力的必需,也是长期应对学生事务领域风险的基本策略与行动。

三、高校积极探寻外部主体功能的加持

当代高校学生事务风险或其中危害性最为严重的风险问题已经具有了非传统安全问题的属性,并可能对多元利益主体的利益实现造成危害。鉴于此,有效焕发多元主体的治理行动,孕育高校学生事务风险社会治理机制,这将是在更大范围内谋求对此类风险问题给予有效治理的基本立场。为此,至少应逐步推进以下两方面的发展:

首先,积极保障多元主体对高校学生事务风险信息的知情权,增进其

对风险治理的参与度。具体实施措施有：第一，不断推进多元治理主体信息共享，可通过种种正式与非正式渠道来畅通高校学生事务风险信息传播。如随着各类网络App的通行，由高校方面主导，借助这一手段来联通各类利益主体。建立包括家长、学生、辅导员、各级领导在内的微信群、QQ群，通过在群里传播各类风险与风险管理信息，提供关于风险管理的讲座与会议。这样非正式却更易为大家所接受的信息传播方式，可以更好满足各类利益主体对风险信息传播内容与传播方式的个性化需求，从而为促成各利益主体达成共识提供底层技术支持。第二，不断完善重大风险危机事件暴发后的信息公开（信息发布）制度，这是缩小各类主体间可能存在的信息不对称，消解其相互之间的猜忌与对立等负面情绪，从而能更好还原风险事件的真相，使风险事件的后续处置能循着客观、公正、和谐、互助的方式妥善完成的正式制度保障。第三，高校牵头组建容纳多元利益主体代表的委员会或董事会，从而为在学生事务风险管理方面各主体间的平等对话和协商决策提供组织依托。以上措施的有效实施，将有利于改善非高校、非国家主体，在获取风险信息方面的不利状态，也能有效纠正在评价风险管理成效方面因信息偏差而出现的有失公允的舆论导向。所有这些将推进多元利益主体对风险治理的参与度，从而有利于学生事务风险管理多元目标的达成。

其次，推进学生事务风险社会治理机制的孕育与发展。当前，在高校学生事务风险的治理方面，高校主体和国家主体承担着最主要的治理责任。但这一模式会随着学生事务风险影响范围与危害性的不断提升，最终不得不面临治理失效的窘境，即风险压力日增而导致高校管理难以承受，国家治理成效面临公众认可危机。鉴于此，需要明确各类社会主体在风险治理中的角色定位，充分激发并释放自身的治理功效于风险治理进程中。为此，要重点从以下几方面入手：第一，积极孕育专业组织，发挥其在高校学生事务风险治理方面的专业支持功能。就此方面而言，国外相关领域的一些成熟做法值得借鉴。如美国全美高等教育风险管理中心（National Center for Higher Education Risk Management），其为所属会员高校提供的一项服务是就高校如何提高学生健康与安全管理成效提供相关指导帮助。该服务还特别关注对学生骚乱、校园安全、学生自杀等风险问题的防控与应急管理。又如标准普尔公司(Standard & Poor's),其为全球范围内多所高校提供管理质量评级。该组织早在2010年就与加州大学合作,完成了对该校全面风险管理项目的评级[1],为此,积极孕育、发展专业组织来提供相关技术服务,将成为提升我国高校学生事务风险管理科学性与规范性的重要支持手段。第二,逐步焕发商业服务性部门对高校学生事务风险管理的支持功效。以保险服务为例,我国高校在接纳商业保险服务方面较为有限,其根本原因是商业保险的追求高利益回报无法适应学生事务风险补偿低投入、高补偿性的需求。在此方面,国外的相关实践做出了有益探索。如美国教育者联盟(United Educators),一个高校自我保险组织,其依据高校需求开发保险产品,且所有保险经营收益都以低价收费的方式返还给会员高校,故该组织能提供比一般商业保险更经济,保险覆盖更全面的产品[2]。又如,针对学生(包括校内其他人员)宣称受到校方身心伤害与虐待的问题,高校可以通过购买一些服务性机构的专业服务来给予应对。当有了相关专家介入此类纠纷事件的处理,也能进一步完善高校的风险管理实践。为此,今后不断探索与外部商业服务性部门的合作创新,从而能借助此类部门的专业资源与技术服务,不断推进我国高校学生事务风险管理的优化。第三,重视发挥学生所在家庭在防范高校学生事务风险方面的正向功能。学生所在家庭的影响与个体学生人的安全保障之间存在正、反两方面的影响。从积极方面考察,家庭对于个体学生的身心关爱、资源支持等在帮助学生规避一些特殊时期可能暴发的人的安全风险方面作用显著。但从消极方面考察,一些特殊家庭环境与教养方式又可能使当事学生更易陷入人的安全风险。现实中所曝出的一些学生因遭遇压力事件而轻生的案例,其背后或多或少有着家庭教养方式的影响。鉴于此,针对高校学生家长群的家庭教育辅导工作应作为一个长期的工作内容。此外,积极识别那些更易使当事学生遭遇身心压力的特殊家庭并对其不良家庭影响给予必要的干预,则是另一项具有重要意义的工作内

---

[1] 郭洁.美国公立高校风险管理:背景、机制与借鉴[J].高校教育管理,2015,9(6):88-93.

[2] 郭洁.美国多校园大学的风险管理[M].北京:教育科学出版社,2010:56-57.

容。而上述两方面则是充分焕发家庭对学生事务风险管理正向功能的保障。总之,积极焕发多元外部社会主体的功能来推进风险社会治理机制的孕育,这是当代推进高校学生事务风险管理不断与时俱进的基本策略与思路。

第五章 高校学生事务风险管理专题研究

为能透过纷繁复杂的表象更好洞悉高校学生事务风险的本质,解析形成风险的各类诱因,进而能更为有效地采取策略应对此类风险,本章将聚焦高校学生人身伤害风险、高校毕业生就业风险和高校国际生事务风险及其管理展开专题研究。

第一节 高校学生人身伤害风险及其管理

非传统安全视野下的审视将揭示学生人身伤害事件对当事学生(及其家庭)所造成的人的安全风险,使高校陷入多元安全风险,使国家与社会不得不承受多元安全风险威胁。由此,应反思当前该领域管理中存在的问题与不足,探索对该领域管理的重构,以便能维护高校学生的权益与福祉,保障高校自身的平稳运营,谋求社会和谐发展与支持国家安全建设。

一、高校学生人身伤害风险管理概述

近几十年来,随着国际范围内极端民族主义与恐怖主义势力的抬头,全球生态环境保护与公共卫生治理的不完善,高等教育国际化和大众化进程的不断加速,高校因自身所具有的多民族(种族)、多组织使命(教学、科研、社会服务等)特质所导致的管理压力,加之我国社会转型发展过程中所伴生的矛盾与不和谐。所有这些导致高校在校生可能遭遇以下风险事件:参与高校教学、科研、体育运动、社会服务活动而遭遇意外;遭受流感、新冠肺炎等严重传染病而身故;承受学习生活中一些压力事件后而自残、自杀或不幸猝死;陷于恶性网贷、网络诈骗,不堪忍受经济与精神压力而轻生;被诱骗陷入非法传销组织、邪教组织而遭受身心损害等。以上各

类事件不仅使当事人及其家庭陷入巨大不幸,同时也会严重影响高校各项工作的正常开展,并可能危害高校的良好声誉。而此类事件中那些在校生自杀身亡等极端案例的曝光,还可能引发负面舆论,甚而会危害到社会和谐与国家安全。然而,当前无论是研究领域还是实践领域,对此类问题及其可能诱发的多元风险与危机状态尚未形成全面、深刻与明确的认知,更遑论针对此建立有效的风险应对机制。这也表明了就该问题展开专题研究的必要性与迫切性。

为便于本节研究的顺利推进,需要对高校学生人身伤害风险管理给予概念界定。事实上,根据《学生伤害事故处理方法》,界定校园伤害事故主要从两大要件入手,即:"事故发生于学校实施的教学活动或学校组织的校外活动中,或者事故发生在学校负有管理责任的校舍、场地、其他教育教学设施、生活设施内"和"事故造成学生人身损害后果"。从此类事件所引发的不良后果考察,高校学生人身伤害事件不仅可能危害涉事学生身心健康、生命安全、经济安全,还可能导致涉事高校陷入财务、法律和声誉安全风险,进而可能引发社会不良舆论,进而危害社会和谐与国家安全。鉴于此,高校需要开展学生人身伤害风险管理,即针对高校各类教育教学、校外活动中,高校负有管理责任的教育教学设施、生活设施内,高校管理负有直接或间接责任的其他情境中发生的(或可能发生的)学生人身伤害事件,高校组织要通过有机整合校内、外各类管理资源,建立并运行起一套事前充分预测、积极防控,事发即时应对,事后规范处置的管理制度来有效降低事故发生率,减轻事故对学生的身心伤害,并为学生方提供合理经济补偿的工作实践[1]。学生人身伤害风险管理指向保障学生的合法权益,维护高校的正常发展与良好声誉,助力支持社会和谐与国家安全建设。

二、高校学生人身伤害风险管理中呈现的问题与不足

随着当代高校使命的不断拓展、高校与外部社会联系的日益加强,学生事务管理领域中的风险诱因也在不断增多,从而导致学生人身伤害事件的

---

[1] 郭洁,郭宁.高校学生人身伤害风险管理:反思与重构[J].教育科学,2020,36(3):58-63.

发生率上升,事件发生后所造成的危害性加大,甚至使高校管理面临一些颇为棘手的境况①。

(一)高校可能因学生人身伤害事故的处置而遭受道德诘责

近年来,高校被起诉对学生人身伤害负有民事赔偿责任的案例屡有出现②。检索北大法律网,从2010年至2018年间,高校学生人身伤害起诉学校的案例数与获赔率见表5-1:

表5-1 高校学生人身伤害法律诉讼年度案件数与获赔率统计表③

案例时间(年)	2010	2011	2012	2013	2014	2015	2016	2017	2018
案例总数/获赔数	1/0	0	0	1/1	5/1	4/1	5/0	9/4	8/3
获赔案例比例	0%			100%	20%	25%	0%	44%	37.5%
总体获赔案例数/获赔比例	10/33%									

如表5-1所示,学生人身伤害涉事者(或其亲权人)通过法律途径来寻求损害赔偿的数量大致随年度呈上升趋势;此类案件的获赔率按年度考察并不高(2013年虽为100%,但考虑该年度仅有一个案例,故其不具有代表性);2010年至2018年学生人身伤害获赔案例总数为10个,获赔率为30%。

以上统计表中的信息可以从一侧面表明,仅依靠法律途径并不能为遭遇人身伤害的当事学生提供必要的经济保障。这会导致此类事件涉事学生不仅遭受生命与健康的危害,还同时面临巨额医疗与康复费用的经济压力。而在一些极端案例中,涉事学生因人身伤害事件而遭受终身性的身心损害,遂难以获得工作机会,甚至可能导致其陷入之后长期的生活困境(当涉事学生来自贫困家庭时,情况会更不利)。这种情况下,涉事学生及其家庭多要求由高校来承担对自己的经济救助。这一诉求尽管缺乏法理依据,但符

---

① 郭洁,郭宁.高校学生人身伤害风险管理:反思与重构[J].教育科学,2020,36(3):58-63.
② 杨子龙,高周全.论学生伤害事故的民事责任[J].江西社会科学,2002(11):166-168.
③ 表格内相关数据是通过检索、整合北大法律信息网中的相关案例信息而生成。

合社会舆论维护弱者权益的惯常价值取向,易被认为是体现社会公平的具体实施。然而,这种主张却会导致高校对学生人身伤害事故的善后处置,无法契合现行法律法规、政策精神,特别是要求高校对涉事学生给予充分经济救助的资金支付是根本缺乏财务经费来源的。当高校无法提供(或无法提供令学生方满意的)经济救助时,后者可能采用一些违法或不和谐手段来主张自己的利益,例如,借助网络媒体歪曲事实真相,丑化高校形象,以胁迫高校满足己方的要求。这往往使高校陷于人性关怀缺失的道德诘责,不仅危害个体高校声誉,甚至会损害整体高等教育机构的组织形象[1]。

(二)高校学生人身伤害管理遭遇风险赔偿(补偿)资金的短缺

高校学生遭遇人身伤害事件后虽然可依托医疗保险获得一定的救治,但这一方式所覆盖的疾病伤残救助的程度与范围却较为有限。因此,当涉及那些严重伤残案例,目前医疗保障体系只能做到依据本地医疗保险政策规定承担一定比例基本医疗费用。但从涉事学生一方来看,他们却期待获得更为完善的医疗保障和更高标准的生活补助。如此,源于现行医保体制主要提供基本医疗保障的现状,与当事人对自己所获补偿的高标准期待,这两者之间的显著差距势必造成高校学生人身伤害风险赔偿面临资金缺口。因此,当前普遍存在着学校即使没有任何过错仍承担责任的情况。这意味着,为使事故的后续处置更为完善,为当事人提供医疗保险未能充分覆盖的医疗费用与必要的生活补助将成为高校要承担的责任[2]。支付这笔不菲的补偿对于那些国家重点建设的、资金充沛的名校也许能勉力为之,但对于一般本科院校、高职院校来说,支付这样的补偿金就需要高校极力压缩校内其他经费预算,这会使此类高校本就紧张的财务状况变得捉襟见肘。而拒绝提供经济补偿又会使高校面临家—校矛盾激化而诱发种种意外情况,并因此而承受额外的管理工作压力。其中,高职院校最为典型:此类高校本就社会实践活动丰富,实操、实习与实验课程占据相当比重,故更易发生学生人身伤害事故,如要求学校承担此类事故暴发后的全部经济

---

[1] 郭洁,郭宁.高校学生人身伤害风险管理:反思与重构[J].教育科学,2020,36(3):58-63.

[2] 沈月娣.高校学生人身损害事故的法律责任[J].高等教育研究,2006(8):80-84.

补偿责任,不仅违背法理上的公平原则[1],更妨碍此类学校的正常运营发展。此外,考虑到一般本科院校、高职院校在高等教育系统中所占据的庞大数量份额,则高校学生人身伤害赔偿所诱发的财务窘迫将危害我国高等教育系统的长期稳定与发展。

(三)高校于学生人身伤害风险的管理方面存在不足

当代高校承担多重组织使命,其内部结构日趋分化且各部分间相互作用,因此高校管理也日趋复杂而易遭遇变数。加之,学生人身伤害事故可发生于高校工作的各领域与环节,从而使学生事务风险管理的工作压力陡增。而当前高校该领域管理却依然囿于以下两方面问题而不能实现管理成效的提升:首先,高校各部门间的管理协同性不足。在学校层面,除学工部外,尚有多处室的工作都关涉学生安全,例如学生宿舍、食堂管理(后勤处)、学生国际交流项目(国际交流处)、学生实习与社会实践工作(教务处)等,甚至这些工作领域还往往成为学生人身伤害事故的高发领域。然而,当前上述各管理部门与学生管理部门间却未能形成有效的交流、协作机制。这使各部门各自为政所开展的管理工作,所发布的管理要求不能有机整合,有时甚至相互冲突[2]。这无疑会给学生工作的开展带来纷扰,更妨害学生人身伤害风险管理的规范、有序开展。其次,辅导员工作压力大,队伍稳定性不足。当前学校层面的学工、团委、教务、后勤等部门,院系层面的副书记、分团委书记、学工组等单位都涉及该领域工作,但以上部门的领导通常只负责发布管理文件,鲜少参与具体事务性管理,且各部门之间缺乏有效沟通,所提出的管理要求不能有机整合甚至相互冲突。而依高校管理的惯例,辅导员通常承担具体的管理工作,且其所需要承担的工作内容也比较多:依据最新《普通高等学校辅导员队伍建设规定》,专职辅导员工作职责包括学生日常事务管理、心理健康教育与咨询工作、校园危机事件应对、职业规划与就业创业指导等九项。承担上述繁重而庞杂的管理工作职责意味着,辅导员除日常参加院校相关各部门召开的例会,落实各项管理要求,组织开展各类活动外,还要随时关注学生动态,排查风险点。此外,当

---

[1] 李发武.高校辅导员队伍的特性及发展[J].高教探索,2015(3):126-128.
[2] 同上

突发危机事件,则无论上班时间与否,辅导员都要及时赶赴事发现场。这种长期紧张、高压的工作状态,易使辅导员陷入紧张、焦虑之中,加之他们多为应届本、硕、博毕业生,其生活阅历相对有限,耐挫折能力与处事灵活性不足,入职后即承担烦琐、高压的管理工作,更易陷入职业倦怠,故谋求转岗便成为很自然的选择。而以上问题叠加则导致辅导员队伍流动性大,不得不频繁补充新人,其最终结果呈现为辅导员群体在年龄、学历、职称等方面相差不大,难以形成合理的梯队结构[1],这必然危害学生事务管理基层组织力量的巩固,这也使对学生人身伤害风险的管理陷入长期人力资源不足,从而不利于高校学生人身伤害风险管理目标的有效达成[2]。

（四）高校学生人身伤害事件中的极端案例可能引发消极的社会影响

2018年1月17日,《中国青年报》报道了西安交通大学博士研究生杨宝德自杀身亡事件[3]。该报道为吸引读者眼球,使用"寒门博士之死"作为标题,这固然有通过强调杨宝德社会经济地位的不利,引发关注与同情的无奈,却也在客观上将该事件与社会不公、强权者对不利群体的欺凌等敏感点相联系,从而可能激起公众负面情绪的暴发。关于该事件的网络舆情调查结果参见表5-2:

表5-2 杨宝德事件网络舆情信息统计表[4]

信息发布时间	2018年1月															2018年2月-11月
	17日	18日	19日	20日	21日	22日	23日	24日	25日	26日	27日	28日	29日	30日	31日	
信息数	1	4	6	7	5	10	9	4	9	1	2	4	2	4	1	8

如表5-2所示,2018年1月17日至2018年1月31日间每日都有新信息出现,并在20日、22日、23日和25日呈现新信息发布量的高点,此后,2018年2月—11月还陆续出现8条新信息,以上合计79条信息(已剔除无

---

① 李发武.高校辅导员队伍的特性及发展[J].高教探索,2015(3):126-128.
② 郭洁,郭宁.高校学生人身伤害风险管理:反思与重构[J].教育科学,2020,36(3):58-63.
③ 郭路遥.寒门博士之死[N].中国青年报,2018-01-17(10).
④ 郭洁,郭宁.高校学生人身伤害风险管理:反思与重构[J].教育科学,2020,36(3):58-63.

关与重复信息),其中,95%为负面信息,约5%为无法分类信息。以上网络信息的主要观点是愤慨学术霸凌,抨击该事件中的不公正。"杨宝德事件"虽属偶然事件,其所引发的负面社会影响也只是暂时性的,但社会现实中和"杨宝德事件"类似事件的曝出却并非个别化现象,其所产生的影响则更具有长期性和持续性特质。鉴于此,应针对此类事件建立有效的风险应对机制,以避免因此类事件负面影响的积聚,而不利于社会和谐与国家安定[①]。

三、对高校学生人身伤害风险管理的反思

针对高校学生人身伤害管理中的棘手问题,从高校的管理理念、管理制度、管理资源等方面展开反思审视,将有助于找出症结所在,进而实现对此类问题的有效应对。

(一)对侵权责任归责原则的反思

2022年颁布的《中华人民共和国民法典》(以下简称《民法典》)对侵权责任以过错责任为一般归责原则,对那些法律推定为有错,行为人不能证明自己没错的,适用过错推定原则,而对一些法律明确规定的特殊案例,适用严格责任原则。在现行《民法典》归责体系下,学生人身伤害不属于法律明确规定的特殊案例,故教育部《学生伤害事故处理办法》主张,将过错责任原则作为处理学生人身伤害事故的基本归责原则依然具有其合理性。然而,由于该项归责原则在客观上降低了对高校履责的要求,这可能在实践中诱发高校该领域管理职责、管理范围的缩水,从长期和整体考察,不利于对学生群体利益的保护[②]。由以上分析可知,当前关于高校学生人身伤害侵权责任判定的实体法,在适用现实需求方面存在一定局限性,这就需要引导高校超越过错责任的观念局限,在保障学生方利益方面形成更强的责任意识,并不断探索从管理层面入手采取措施,降低学生人身伤害事故的暴发率,从而积极化解此类事故所诱发的风险与危机[③]。

---

① 郭洁,郭宁.高校学生人身伤害风险管理:反思与重构[J].教育科学,2020,36(3):58-63.

② 李景义.高校学生伤害事故民事责任及处理机制研究[J].黑龙江高教研究,2014(7):41-45.

③ 全承相,吴彩虹,李志春.论析高校学生自杀责任风险的控制[J].高等教育研究,2015,36(2):67-72.

(二)对高校学生人身伤害事件所诱发的多元风险审视

随着对传统安全概念的反思,并汲取当代人的安全、综合安全的合理元素,非传统安全观初露端倪,其特征包括(但不止于以下内容):安全概念被从国防延伸到信息、生态、环境、文化、政治、科技、经济等多重领域;安全主体被从主权国家扩大到各类社会组织乃至个体;安全问题开始呈现跨国性、多元性、社会性和相互关联性等特质[1]。非传统安全观的问世为全面、深入识别学生人身伤害事件危害提供了有益的分析工具:

(1)非传统安全视野下,人身伤害风险危害高校学生人的安全。高校学生人身伤害事件的暴发易诱发学生个体(及其家庭成员)的人的安全(human security)风险。作为非传统安全研究的重要内容之一,人的安全包括免于恐惧的自由(freedom from fear)和免于匮乏的自由(freedom from want)。前者指避免个体陷入那些可能导致其陷入生命与健康威胁的情况,如因意外冲突、暴力、犯罪、投毒等暴力或犯罪事件而遭遇不利或不幸,后者指避免个体陷入可能危害其生存的各种物质缺失,如衣食住行与医疗保障的匮乏,避免丧失个人尊严[2]。从这一意义上考察高校学生人身伤害事件,其除直接危害当事学生生命与健康,即危害当事人免于恐惧的自由外,还会危害个体免于匮乏的自由。这包括:由于医疗救助或健康康复的费用高昂而危害当事人当前及未来的经济状况;由于遭受身心损害而阻碍当事人正常参与社会生活,更难以获得理想的职业;由于不能正常或满意就业而导致其社会经济地位低下,难以获得社会的尊重,无法建立个人自尊与自信。由以上分析可知,人身伤害事件的暴发会严重危害当事学生人的安全。叠加以下不利的外部环境因素,如当前我国社会风险保障体制尚不完善,社会就业与竞争压力日趋严峻,社会老龄化逐步凸显,则其危害性还可能倍增。此外,当此类不幸事件关涉贫困家庭或独生子女家庭时,还会导致当事学生家庭陷入生活困境,从而将人的安全威胁从某一个体扩大到其所属的整个家庭。

(2)非传统安全视野下,高校可能因学生人身伤害事件而面临多元(安全)风险,其具体见表5-3:

---

[1] 刘杰出. 国家安全与非传统安全[M]. 北京:时事出版社,2008:84-86.
[2] MELY C A. An introduction to non-traditional security studies[M]. Thousand Oak:SAGE Publications,2016: 9-11.

表5-3 学生人身伤害事件所引发的高校多元安全风险①

类型	内容
法律安全	高校可能被起诉民事赔偿责任,由此面临法律安全风险
财务安全	高校可能被要求支付巨额补偿金,由此面临财务安全风险
声誉安全	高校可能因媒体对事件的负面报道声誉受损,由此面临声誉安全风险
校园安全	高校可能因学生方在校园中违法、过激维权而面临校园安全风险
绩效安全	高校可能因此类事件而遭受上级问责,遭遇管理业绩下降,由此面临绩效安全风险
教研安全	高校出于规避人身伤害事故的考虑,限制某些教学科研活动的开展,由此面临教研安全风险
管理安全	高校因此类事件暴发而陷入舆情危机,正常管理秩序被打破,从而面临管理安全风险

如表5-3所述,学生人身伤害事件可能引发高校面临多元安全风险,因此也需要高校内多部门通力合作,以期能避免(或减少)此类事件的发生或降低其发生后所造成的危害。鉴于此,应摒弃学生安全管理隶属后勤管理的观念局限,通过改革该领域管理制度与模式来逐步提升各部门管理的协同合作,以不断提升该领域管理的成效②。

(3)非传统安全视野下,学生人身伤害事件可能因外部社会安全问题而诱发,进而又可能再次诱发外部社会安全风险。事实上,外部社会环境中的风险事件或风险诱因,如传染病肆虐、电信诈骗、经济衰退、就业下滑等,这些都可能导致高校学生人身伤害事件的暴发。而当此类不幸事件暴发,又可能成为恶化外部环境安全的触发点。因为高校人身伤害事件的暴发不仅会对当事人造成极大危害,更会冲击公众心理,引发社会公众负面情绪的迸发,这必然不利于社会的和谐与安定。如高校国际交流中出现的学生人身

---

① 郭洁,郭宁.高校学生人身伤害风险管理:反思与重构[J].教育科学,2020,36(3):58-63.

② 郭洁,郭宁.高校学生人身伤害风险管理:反思与重构[J].教育科学,2020,36(3):58-63.

伤亡事件——如中国赴美访问学者章莹颖女士遭受残忍杀害事件,不仅使事发高校社区与当地社会陷入动荡与纷扰,更使公众心理遭受冲击的范围扩散到国际层面。鉴于此,当前应积极探索整合专家系统、公民社会、政府乃至国际组织等多元安全保障主体(security actors),于高校学生事务管理进程,以便能有效引导各类主体参与到对学生人身伤害这一类新的非传统安全问题的管理中[①]。

(三)对高校学生人身伤害赔偿责任的反思

在风险社会中,从国家到社会,从政府到市场,从营利性组织到非营利性组织,从专家系统到大众传媒,从全球社会到公民个体,都可能成为风险的直接或间接责任主体[②]。高校学生人身伤害事件的暴发也同样是多元责任主体共同作用的结果。首先,此类事件的发生不能无视高校学生自身身心健康水平低、自我保护意识与能力不强,或者个性过于偏激、过于脆弱等方面因素的影响,而这则需要归责风险当事学生先天体质和其所在家庭培养、教育过程中可能存在的不当(家庭责任);其次,风险当事学生从小所受到的基础教育所可能造成的影响,如承担 K-12 教育的学校、教师是否过于关注学生应试能力的培养,而忽视对其身心健康成长发展需求的满足(K-12 学校与教师的责任);还有,我国社会转型发展进程中本身所可能出现的不和谐与负面压力,导致风险事件当事人身陷沉重的升学、求职压力而难以自拔。且未能获得及时的社会支持而走入绝境(社会责任);再加上公共卫生防控不完善、社会治安环境问题滋生而使风险当事学生遭遇不幸(国家与相关领域管理机构的责任)等,正是上述各类主体自身功能发挥的失效,导致高校学生人身伤害事件的暴发,且此类事件的暴发率与危害性呈日益上升趋势。鉴于此,今后要引导公众和风险当事学生摆脱苛责高校,认定其应全力承担经济赔偿责任的错误观念。在此基础上,充分明确致力于孕育多元主体合作分担风险责任机制的合理性与必要性,以便能有效补偿学生人身伤害风险赔偿的资金缺口,以最大限度弥补风险当事人(及其家庭)所遭

---

① MELY C A. An introduction to non-traditional security studies[M]. Thousand Oak: SAGE Publications, 2016: 16.

② 钱亚梅. 风险社会的责任分配初探[M]. 上海: 复旦大学出版社, 2014: 31.

受的风险损失①。

（四）对高校学生人身伤害风险管理环境与资源的审视

在当前的高校管理实践中,学生人身伤害管理尚处于不利的管理环境中。鉴于学生人身伤害管理多被认为是属于后勤管理的工作职责,难以通过追加资金投入而获得显著的发展效益,这会导致其失去在高校管理资源配置方面的优先性。此外,当代外部社会环境变化导致学生人身伤害风险管理领域的风险诱因不断增加、风险管理职责范围不断拓展、风险压力与挑战日益提升,为此,迫切需要取得全校范围内各部门、单位的有效协作与支持。但高校领导不直接参与管理,校内各部门间"条块分割"的现状显然不能满足上述需求。由学生事务管理部门（学工部、学工组）牵头,寻求多部门合作来开展学生人身伤害风险管理的难度大、执行力有限。还有一点不容忽视,我国高校所能获取的外部管理资源与服务支持也较为有限。这体现在:①当前高校间还未就学生事务风险与危机管理形成有效的信息交流与管理成果共享机制,而在国外,相关专业组织承担着该方面职责。如美国全美高等教育风险管理中心集团公司（TNG,The National Center for Higher Education Risk Management Group）为所属会员院校提供在学生健康与安全管理方面的指导与服务。它尤其关注对学生骚乱、校园安全、学生自杀等风险问题的防控与应急管理②;②当前我国高校管理（学生事务管理）领域尚未建立专业评级或质量认证制度,这不利于该领域管理的科学化、规范化发展。而在国外,一些营利性与非营利性组织为高校管理质量评级或认证提供多样化的服务。如标准普尔公司（Standard & Poor's）为全球范围内多所高校提供管理质量评级③。该组织曾在2010年与加州大学合作,完成了对该校全面风险管理项目的评级,该组织之后亦陆续对全美范围内多

---

① 郭洁,郭宁. 高校学生人身伤害风险管理:反思与重构[J]. 教育科学,2020,36(3):58-63.

② 此处信息来源于全美高等教育风险管理中心集团（TNG）官网。https://www.ue.org/risk-management/higher-education-resources/[2022-02-10].

③ 此处信息来源于标准普尔（Standard & Poor's）公司官网。https://www.standardandpoors.com/en_US/web/guest/ratings/search/-/search/searchType/E/searchTerm/university%20[2022-02-10].

个高校开展了相关服务。因此我国相关领域,今后还应通过评价、评级手段引导高校不断完善风险管理。③当前我国保险企业等社会组织对高校的服务支持功能还非常有限。对比国外相关领域在此方面已经有了几十年的成功实践,如美国教育者联盟(United Educators),一个高校自我保险组织,依据高校需求开发保险产品,且所有保险经营收益都以低价收费的方式返还给会员院校,故其能提供比商业保险更经济,保险覆盖更全面的产品,这为美国高校应对高额的人身损害赔偿提供了更为有效的资金支持①。综上,当前应积极探索整合校内多元管理部门功能,吸收外部服务机构资源,不断优化高校学生人身伤害风险管理资源与环境,以期推进该领域管理的优化发展。②

四、重构高校学生人身伤害风险管理

为解决高校学生人身伤害风险管理中的棘手问题,防止该领域管理中可控性、潜在性风险演变为不可控的、现实性的且影响恶劣的风险与危机事件,当前,迫切需要对高校学生人身伤害风险管理给予重构,其具体实施可从以下几方面展开:

(一)升华高校学生人身伤害风险管理目标

非传统安全研究揭示出,随着当代非传统安全问题影响范围的加大,"利益相关者"逐步出现。而围绕高校学生人身伤害事件这一类安全问题,其利益相关者群体也逐步明晰。他们包括高校及其管理部门、涉事学生及其家庭、公众、政府、媒体及其他国内与国外组织等。在这一背景下,高校学生人身伤害管理就不能仅局限于对本领域管理目标的达成或本校利益的维护。具体来讲,当前高校要突破仅依据过错责任原则来处置学生人身伤害事故的观念局限,以避免高校在该领域管理力度的下降,管理范围的缩水③。

---

① 此处信息来源于教育者联盟(United Educators)官网。https://www.ue.org/risk-management/higher-education-resources/[2022-02-10].
② 郭洁,郭宁.高校学生人身伤害风险管理:反思与重构[J].教育科学,2020,36(3):58-63.
③ 全承相,吴彩虹,李志春.论析高校学生自杀责任风险的控制[J].高等教育研究,2015,36(2):67-72.

事实上,这种职责的缩水也是易引发外界诟病的导火索,是激起高校与人身伤害当事学生方矛盾,进而导致该领域各利益相关者间冲突与对抗的触发点。鉴于此,必须转变高校管理理念,重塑管理目标。引入和谐思想来重塑管理理念将有效突破法律归责的观念桎梏。因为,"和谐"用于人类社会,是指关系的范畴,就人与人之间的关系而言,和谐意味着人类相互之间的和睦相处、融洽友爱[①]。和谐视野下的高校人身伤害风险管理,指向的是一种协调、均衡、有序的样态,即高校学生人身伤害事件的利益相关者,包括高校核心领导层、高校各部门、涉事学生及其家庭、公众、政府、外部组织等,能在风险的事前预测、防控,事发时及时应对、事后的规范处置和确保风险当事人获得合理利益补偿等方面达成共识,使相互理解、相互支持、和谐融洽成为该领域管理的常态。和谐理念的引入将唤起高校在观照社会舆论导向、彰显正向价值观方面的责任意识,这将引导管理人员突破将高校方与当事学生方作为对等民事主体来划分赔偿责任的观念局限,引导他们用更为包容、友善和利他的态度来回应人身伤害事件当事人的利益诉求。以上转变也将改变现实中围绕高校学生人身伤害事件,各利益相关者之间可能存在的对抗与矛盾状态。因为,随着高校与当事学生及其家庭间的利益冲突的逐步弱化,高校与媒体和公众间的误解将逐步解开,高校与教育行政管理部门间在高校职责与管理目标方面的分歧将逐步消除,其最终将指向高校学生人身伤害风险乃至整体高校管理的优化发展。总之,以和谐理念建构高校学生人身伤害风险管理目标,能观照高校、学生方、外部社会与国家的共同发展需求,能通过合法、和谐、有序地治理本领域各类风险问题,能使高校管理运行更契合公序良俗、遵守法律规则、顺应民意舆论。这正是当代高等院校组织确保自身组织合法性的具体体现之一。

(二)构建高校学生人身伤害风险救济基金共担制度

当前,关于学生人身伤害所引发的损害赔偿(补偿)方面,高校存在一定的观念局限,即仅囿于法律层面的归责原则来承担此类事件暴发可能引发的损害赔偿责任。高校主体的这一认识与管理实施忽视了这样一个事实,

---

[①] 白志刚.利益公平与社会和谐[M].北京:中国社会出版社,2008:24-25.

即高校作为一类准公权力组织,在构建良好社会形象、积极承担社会责任方面应有更多作为。如果高校仅囿于法律层面的归责来承担自己认为合理的风险赔偿责任,必然造成高校风险管理职责的缩水,不仅危害高校相关领域管理实践的优化发展,更将使高校面临合法化危机——由于高校放弃对风险事件所诱发赔偿责任的履责,导致当事学生及其家庭陷入更为不利、不幸的境况,从而引发家—校矛盾激化,风险当事人家庭借助网络等媒介发布不实报道与偏激言论,其结果不仅是高校声誉受损,更会因该事件在网络媒体中的持续负面曝光,而引发公众关于社会不公等敏感问题的讨论,而此类事件的持续出现,还可能危害社会和谐与国家安定。为有效遏制此类事件所引发的矛盾,消弭其可能诱发的消极影响,我们必须重视对此类事件当事学生及其家庭的合理经济补偿。必须有效弥补高校学生人身伤害风险赔偿所面临的资金缺口:例如,由于当前医保体系多限于医治病患,对伤残者所必需的复健、安装义肢或配备残疾所需要的其他器械的费用却不能完全覆盖。加之,对事故当事人而言,获得人性关怀与当前及今后生活质量的必要保障也是合理的权利诉求。为此,如何有效弥合现有医保补偿的低标准与风险事件当事人的高诉求间的矛盾是考验当前及今后高校学生人身伤害风险管理有效性的关键。在非传统安全视野下,高校学生人身伤害风险事件是多元责任主体共同作用的结果。鉴于此,以多元责任主体共同分担的方式构建高校学生人身伤害风险救济基金制度,有望成为补偿当前该领域风险赔偿资金缺口,确保当事学生方利益的可行策略。具体来讲:政府先期投入一笔经费并监督筹建基金会,此后基金会将收取来自学生个人或其家庭和高校缴纳的保险金,同时广开渠道募集来自其他社会主体的捐赠资金,将上述来源资金委托给专业公司以确保基金的合理运作,从而为人身伤害事件学生方获得经济补偿建立稳定的资金来源。这一制度设计在实践中也有一定基础,如我国多个省市都有以财政经费为在校生购买人身伤害意外险的惯例,此外,不少高校也有自行出资为学生购买人身伤害商业保险的先例,部分学生(及其家庭)也有购买保险产品的需求,此外,还有来自社会组织的爱心捐款等。故此,运行高校学生人身伤害风险基金制度是观照当前现实国情的有益实践探索。当然,这一过程中要积极遏制一类不良现象,即恶意索赔以谋求经济利益的现象。为此,政府(教育行政管理部门)要通过行政立法,对基金的筹集、经营运作、资金用于风险补偿的范围与标准等做出细化规定,以便该制度的稳定推进,为处置学生人身伤害风险事件时能有法可依,避免高校陷入与学生方的无尽争议提供必要保障[①]。

(三)加强高校内部管理协同性,吸纳优秀管理人才

2009年美国加拉格尔高等教育智库发布的高校风险管理公告指出,建立包括多部门主管在内的高校风险委员会的重要性。这一点应当成为引导校内多部门加强协同合作,从而为开展学生人身伤害风险管理(高校风险管理)构建良好高校环境的基础。在此基础上,可广开渠道,吸纳优秀人才充实学生事务管理队伍。2017年发布的《普通高等学校辅导员队伍建设规定》(以下简称《规定》)中为改善辅导员工作条件、提高其职业声望与经济待遇做了规定。鉴于此,积极落实《规定》精神,将有助于高校辅导员队伍的长期稳定与发展。与此同时,还需配合短期内的人力资源优化策略,如接纳复转军人进入专职辅导员队伍;通过提供业绩激励薪金,引导有多部门工作经验的管理人员兼职一定年限的学生事务管理工作;提供优厚待遇聘任社会阅历丰富、有耐心、爱心的再就业人员担任与学生密切接触岗位的工作,如宿舍管理、宿舍保洁等。此外,还应聘请专业心理咨询师来承担学生心理危机干预工作,招聘专业安保人员承担学生安全管理,以弥补现有辅导员群体社会阅历不足、工作经验有限、工作压力过大的缺陷,同时还将整体提升该群体的业务素养,优化其在专业、能力与年龄方面的构成,以便为在短期内提升高校该领域管理成效提供必要的人力资源保障[②]。

五、多元社会主体共建高校学生人身伤害风险治理系统

高校学生人身伤害风险从表层观察,其直接责任人是承担风险管理工作的高校方或学工人员,但从深层次分析,涉及该风险的责任人却是多元化的,诱发此类风险事件的原因更是来源于社会多元领域。而考察此类

---

① 郭洁.高校学生人身伤害风险管理:反思与重构[J].教育科学,2020(5):58-63.
② 郭洁,郭宁.高校学生人身伤害风险管理:反思与重构[J].教育科学,2020,36(3):58-63.

事件暴发后所导致的风险危害,也远超出高校管理的范围,甚至在一些极端的情况下,此类事件所诱发的风险(危机)还可能不利于国家和社会的稳定。为此,应以非传统安全视野下的多元主体共同参与安全问题治理的观点为指引,并观照我国现实国情与高校管理实践,逐步构建多元社会主体功能整合的高校学生人身伤害风险管理系统。该系统应容纳多元社会主体及其管理功能:①高校专业协会,此类主体的功能体现为,积极引导高校开展风险管理研究,以充分识别该领域所面临的风险诱因,可能遭遇的典型风险事件集等,并为开展该领域管理提供可资借鉴的策略、程序、工具、方法等。②政府(教育行政管理部门),此类主体要将自身逐步从政策制定者、业绩评估者,转型为对高校风险管理工作的支持者、协调者角色。具体来讲,此类主体应充分借助政策手段推进高校间管理信息交流与管理成果共享机制的不断完善,建立高校学生人身伤害风险(高校学生事务风险)信息数据库,不断研究完善高校风险管理质量评价指标体系和建立风险管理质量认证制度,以推进高校风险管理的不断趋于规范化、科学化。③保险、法律服务、心理咨询、安保等营利性服务机构,应不断调整经营理念,优化服务经营模式,从而提供给高校适销对路的服务产品,以支持高校专业、高效地处理该领域可能面临的冗杂的社会性事务,最大程度避免高校陷入财务窘迫、违法丑闻和公信力危机。④非营利性机构,如爱心组织、志愿者服务机构、慈善机构等,亦是该体系中不可或缺的构成部分,它们将承担为陷入困境学生及家庭募集爱心捐款,提供情感支持等工作。此类机构的参与能有效避免高校承担此类工作时面临的程序瑕疵,如高校向师生员工直接募集爱心捐款是否存在身份不合法、程序不合法的问题,将更好保障高校相关工作开展的专业性、长期性、规范性。① 综上,构建起多元社会主体功能整合的风险管理系统,将是治理高校学生人身伤害风险的长效举措。

---

① 郭洁.高校学生人身伤害风险管理:反思与重构[J].教育科学,2020(5):58-63.

第二节　高校学生就业风险及其管理

在非传统安全视野下,高校学生就业管理环境正随着后疫情时代的来临,而呈现以下变化:就业市场环境变化导致种种不确定性,个体学生承受着不断上升的人的安全风险,高校就业指导部门面临多元安全风险,高校风险与社会风险间的相互作用影响更为显著。然而,当前高校学生就业管理理念不能观照现实发展需要,管理资源不充沛,风险应对机制不成熟。此外,能促进学生就业的外部资源在各类高校、不同专业与个体间的配置不均衡。以上这些情况均不利于对学生就业风险的有效管理。为更有效促进学生就业,维护高校平稳运营,助力社会和谐与国家安全建设,当前应以共同体理念重塑高校管理目标;以推进多部门协同管理机制,不断完善高校风险应对机制来降低风险损害;以焕发企事业单位的基础性功能,个体家庭的支持功能,政府的保障功能,高校的资源整合功能,专业组织的研究功能来构建高校学生就业风险管理体系。

一、高校学生就业风险管理概述

2019年暴发的新冠疫情引发了全球性的公共卫生安全危机,将人类社会推入了后疫情时代。而后疫情时代的世界,恰如联合国教科文组织(UNESCO)公告中所指出的:不仅指因疫情暴发而发生深刻变化的世界,它还包括在某一时刻,由于教育系统的各种功能重获正常,世界能以一个更为公正、可持续、和谐的状态呈现,而这个世界并非对过去世界的简单再现……

在后疫情时代,高校组织亦需要借助自身功能的重获正常来为世界趋于公正、可持续、和谐的状态而发挥积极影响,而运行有效的学生就业风险管理是其中最为重要的方面之一。由于新冠疫情暴发所直接和间接诱发的社会整体生产量的下降,劳动力市场岗位需求总量的缩水,岗位需求结构的变化,相当数量的毕业生会在求职季及其之后处于待就业状态,这将引发高校学生就业风险的骤增。这里需要说明的是,高校学生就业风险直接指向学生个体因遭遇求职挫折而陷入待就业的可能性,此外,也关涉因当事人遭遇求职挫折或待就业而可能陷入心理危机、人身伤害,遭遇阶段性乃至相对较长时期生活困窘的可能性。在以下的行文中,以高校学生就业风险多指代前一层意思,次生风险则指代后一层意思。

针对后疫情时代不断提升的高校学生就业风险及其可能诱发的次生风险,高校组织积极运行学生就业风险管理,即通过整合校内外各类资源,并借助一定的政策与制度优惠,建立并运行起一套包括求职指导服务、心理危机干预、自主创业与职业发展支持、阶段性生活保障等在内的高校学生就业风险管理体系,从而能最大限度支持学生的合理就业和(或)职业发展,规避其因待就业而遭遇身心创伤、陷入生活困窘及其他不利状态。运行有效的学生就业风险管理,不仅是支持高校组织平稳运营、健康发展的需要,同时也是后疫情时代高校组织发挥自身功能以促使世界重新恢复有序与繁荣的宝贵实践。然而,当前研究界关于后疫情时代高校学生待就业问题所诱发的多元危害及其治理的研究尚不充分,在高校管理和社会层面有效开展改革实践也需突破观念桎梏并不断探索创新,鉴于此,本节拟从非传统安全视角下揭示后疫情时代高校学生待就业问题对高校组织与外部社会所造成的风险危害,在此基础上,就如何优化高校就业风险管理,如何整合多元社会主体力量,以有效治理高校学生待就业问题,进而孕育出高校学生就业风险长效防控机制提出相关策略与建议。

二、高校学生就业风险——逐步显现的安全问题

后疫情时代的到来对社会经济发展产生系统性影响,导致我国高等教育劳动力市场也出现种种改变,除了如联合国教科文组织相关公告中指出的"工作岗位的显著减少使高等教育中的人口转化为劳动力市场的有效人力资源变得更为困难""雇主们渴求具有良好信息技术能力的求职者"这一类全球范围内高等教育劳动力市场普遍呈现的变化外,我国高等教育劳动力市场还由于国内高校扩招后,年度毕业生数量持续增长,且疫情后海外留学人员回国发展人数显著上升等因素的作用叠加,在今后若干年内将呈现

出更为尖锐的人力资源市场供需矛盾。而这一结论的得出亦不缺乏来自统计数据的支持。

首先,我国高校年度毕业生和留学归国人员构成了高等教育劳动力市场中一个庞大的求职者群体。且该群体的规模还在随着时间的推移不断增大。

如图5-1所示,1997—2021年国内高校本专科、研究生和留学归国人员人数变化具有一定的趋同性,即从1997年至2001年处于微弱上升趋势,从2002年至2007年处于高速增长状态,从2008年开始上升趋势虽然相比前一阶段略有回落,但依然保持较高增长(图中各类人员年度人数的详细数据请参照本书附录4)。

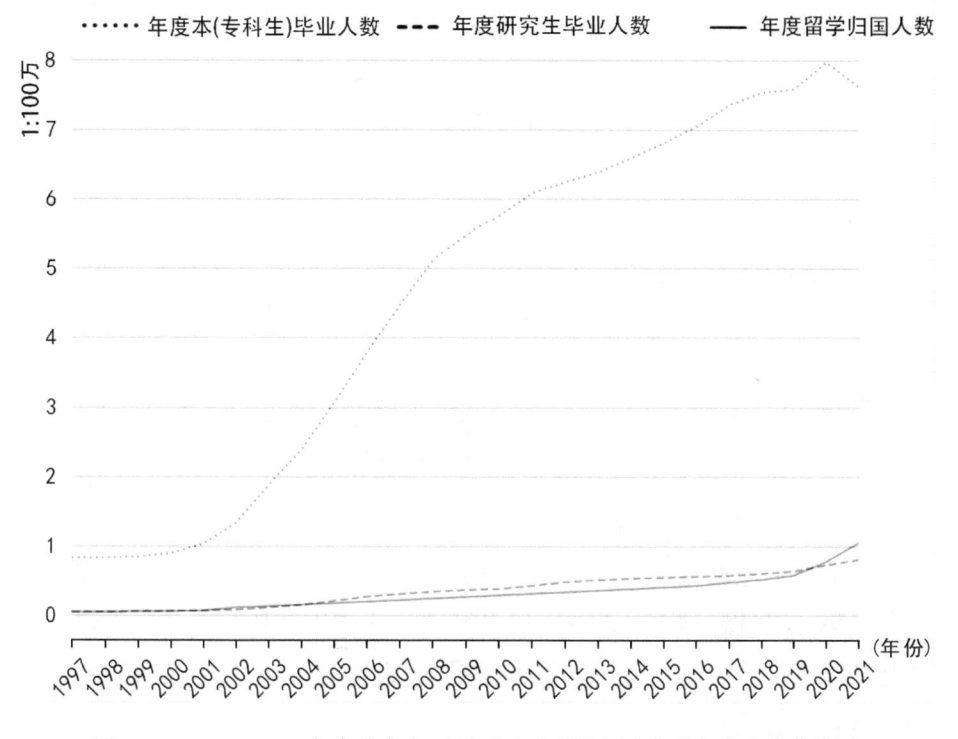

图5-1 1997—2021年高校专本、研究生和留学归国人员数年度变化曲线图

其次,我国城镇实际就业人口数量曲线与城镇待就业人口数量曲线间的剪刀差随着年代的推移不断加大。这提示就业市场中高等教育待就业人群规模在不断增大。

1992年至2020年城镇年度实际就业人口数、年度城镇新增待就业人口数、年度岗位增长率曲线图如图5-2所示,我国各年度城镇实际就业人口增长较为平稳,从1992年的729万逐步增长到2021年的1269万;城镇就业岗位年度增长率变动也不显著,基本在1.52%~4.10%波动;但城镇待就业人口却呈现高速增长趋势,从1992年的17736万增长到2021年的46831万,增长了2.5倍还要多(图中各类人员年度人数的详细数据请参照本书附录5)。

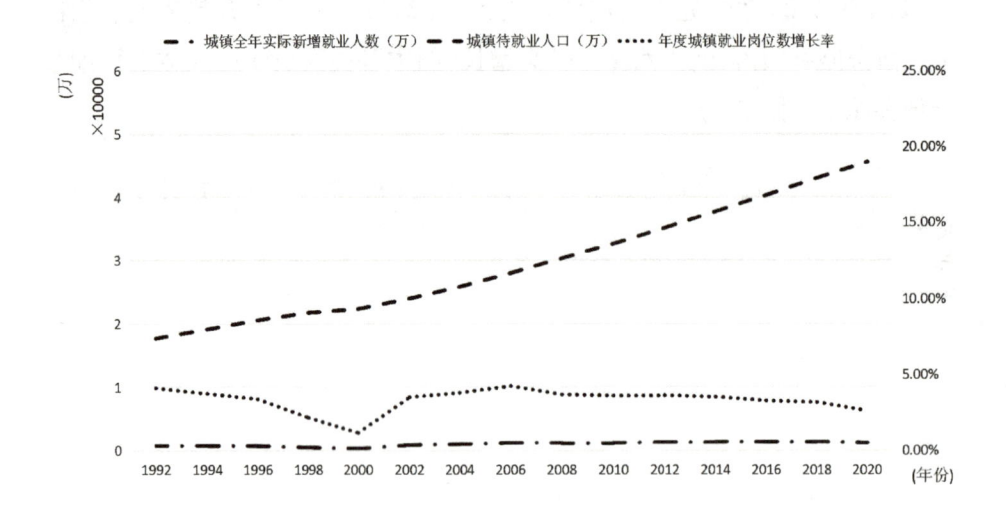

图5-2 1992年至2020年城镇年度实际就业人口数、
年度城镇新增待就业人口数、年度岗位增长率曲线图

再次,将高校毕业生不同形式就业人口数给予可视化呈现,其结果表明高校毕业生理想型就业人口占比尚不足总体毕业生人口的一半(为实现可视化目标,这里做了两个假设:①假设城镇就业的年度高校毕业生人口增长率与整体年度城镇就业人口增长率相同,②假设1997年当年高校毕业生全部实现城镇就业)。

如图5-3所示,以1997年高校毕业生人口数(不含海外归国人员)为起点数,其后以该年度人口数乘以(1+下一年度城镇岗位增长率)生成下一年度人口数,依此类推计算,从而生成年度高校毕业生满意型就业人口数曲线。该曲线与横轴构成最下方深灰色部分,此部分代表高校毕业生满意型就业人数;以各年度高校毕业生总人口数(不含海外归国人员)乘以2016—2021年各高校公布就业率之和的平均值92.61%(相关就业年的数据来源详见附录6),生成依据大学就业率(其中含升学、灵活就业、自主就业)所计算的各年度高校毕业生就业人数曲线,其与年度高校毕业生满意型就业人数曲线间构成的灰色区域是高校毕业生可接受型就业人数;而依高校公布就业率所生成的年度毕业生人数曲线与高校年度毕业生人数曲线间所构成的浅灰色区间就是高校毕业生等待型就业人数。

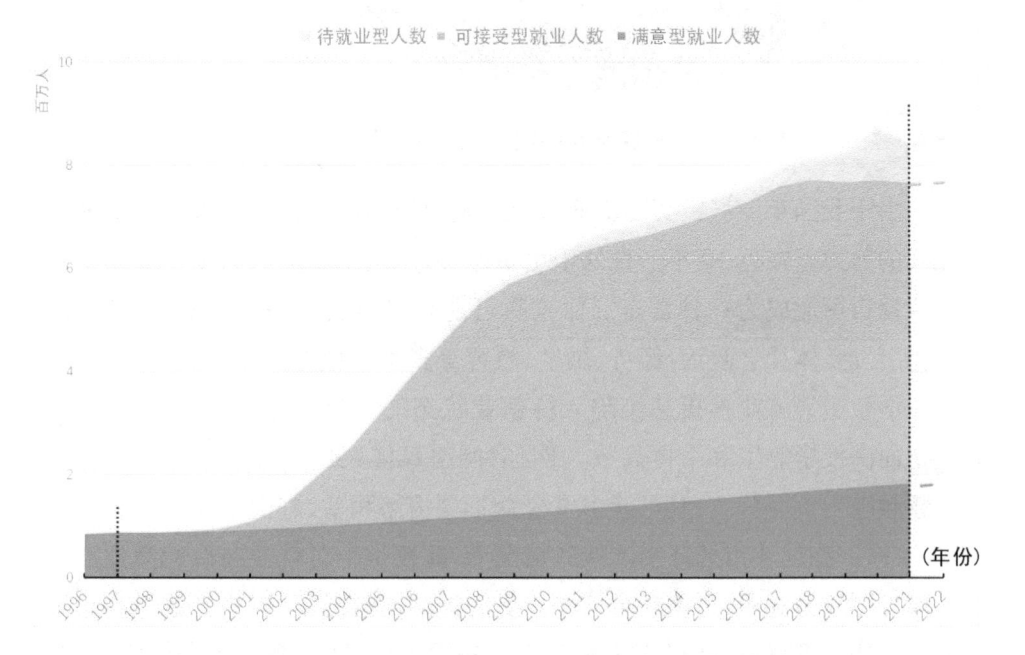

图5-3 不同就业满意度高校毕业生群体规模分层呈现图

如图5-4所示,高校毕业生依据其所处的不同就业状态而分为三个群体,其中从1997年开始(含1997年)至2021年的满意型就业人数(不含海外归国人员)为12000万人,占1997年至2021年总体国内高校毕业生总人数的43%;而"可接受型"就业人数(不含海外归国人员)为12400万人,占1997年至2021年总体国内高校毕业生总人数的45%;而待就业型人数(不含海外归国人员)占 1997 年至 2021 年总体国内高校毕业生总人数的 12%[①]。

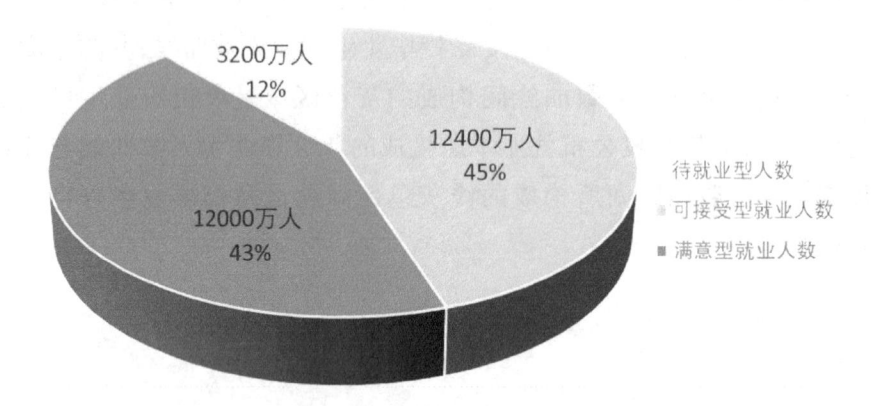

图 5-4　不同就业类型高校毕业生人数与构成百分比图

（图中数据：待就业型人数 12400万人 45%；可接受型就业人数 12000万人 43%；满意型就业人数 3200万人 12%）

由于我国年度城镇实际就业人口数量曲线与城镇待就业人口数量曲线之间的剪刀差在近 10 年一直处于增长趋势,则越来越多的高校毕业生遭遇就业挫折可能成为一种常态。而这除可能直接引发高校学生就业风险外,亦会引发整体社会政治、经济、民生、教育等多维领域的安全风险。换言之,高校学生遭遇就业挫折甚至陷入待就业状态的日趋常态化,其危害性绝不仅指向高校毕业生和个体高校。例如,网络媒体聚焦高校毕业生就业问题而频频曝出负面信息,其可能引发公众不良情绪积蓄,进而引发社会舆情风险。此外,在就业市场环境严峻的情况下,高校学生对就业岗位的激烈竞争可能加剧权力寻租,危害社会公平。更为极端的情况是,当相当数量高校毕业生无法合理就业,甚至完全游离于工作岗位之外时,整体社会的安定、和谐将面临不确定性(高校毕业生不能正常就业而引发社会骚乱的情况在印度等其他国家社会生活中并不鲜见)。就业挫折与待就业的常态化还可能危害社会经济安全。因为,当全社会范围内高校毕业生待就业(或处于就业

---

① 需要说明的是,笔者在这里所做的相关计算和比较,虽然是基于一定的假设的"估算",其亦可能与现实中高校毕业生就业情况存在一定差异。但这种方式能较为直观地展现出当前高校毕业生就业的分层状态,有助于全面识别当前高校毕业生就业管理所面临的风险与压力。

挫折状态)人数不断激增,将放大市场对人力资源均衡配置的局限性,这不仅直接损害个体求职者的利益,更将从中、长期范围内危害整体社会经济的协调发展。就业挫折(与待就业)的常态化还可能危害教育系统安全。因为,当大量接受了高等教育的求职者不能获得或不能正常获得合适的职位,将造成学生个体高等教育投资效益低下的事实,从一个相对长的时段考察,会危害高等教育系统的持续、稳定发展。最后,就业挫折(与待就业)的常态化还可能导致一些极端风险事件发生率的提升,如学生遭遇心理危机而发生人身伤亡事件。此类事件的暴发会严重危害当事学生及其家庭的平安与幸福,危及社会的和谐与稳定。总之,高校学生遭遇就业挫折(或待就业)的常态化不仅直接加大高校学生就业风险,还可能诱发个体与社会生活中的其他安全风险,这些风险危害性的叠加,将不利于民生幸福、社会和谐、国家安全。因此,必须对高校学生就业风险给予有效治理。

三、高校学生就业风险管理的问题与不足

新冠疫情暴发恶化了高校学生就业风险管理的安全环境,使该领域管理面临多元风险压力。鉴于此,必须通过更新高校学生就业管理观念、提升该领域管理成效来给予应对。基于非传统安全视野来审视高校学生就业风险管理现状,将有助于甄别当前所存有的观念局限与实践缺失,从而为改革优化该领域管理提供现实切入点。

(一)高校于学生就业风险管理中存在观念局限

学生就业挫折可追因到个体、市场、高教系统、社会、国家等多元主体的作用影响[①]。长期以来,无论是公众舆论还是在高校管理人员的观念中,学生遭遇就业挫折,更多应归咎于个体、社会就业环境和国家宏观政策的影响,个体高校对此所能发挥的作用被认为是较为有限的。此外,从法律层面分析,对于学生因就业挫败而进一步诱发严重人身伤害事件的问题,除非证明高校管理对此负有过错责任,否则不应因之而追究高校方的责任。为此,针对大学生就业难的问题,高校的职责被认为应集中在加强对学生的就业

---

① 卢红梅,李传刚.我国大学生失业问题的归因分析[J].中南民族大学学报(人文社会科学版),2005(12):68-69.

指导,以提升学生自身素质来推进其就业可能性方面。然而,随着后疫情时代学生就业压力的激增,可接受型就业学生比率的上升,待就业型学生群体的扩大化,与高校学生就业相关的极端性风险事件暴发率的攀升,高校学生就业挫折将可能升级为一个危害个体、高校、社会、国家等多元主体利益的安全问题。而高校作为该风险问题的治理共同体(actors)成员,相对其他主体,在有效开发和配置风险管理资源方面更具经验与能力优势,故其应在与其他治理共同体成员有效合作基础上,充分释放自身在指导学生就业、防控学生就业挫折方面的积极功效。为此,高校要积极突破固有的观念局限,针对学生就业挫折,发挥持续的创新性与责任感来不断优化毕业生就业指导与就业风险管理工作实践。

(二)高校内部就业管理资源不充分,就业风险应对机制不完善

面对后疫情时代学生就业压力的骤然上升,高校主体应转变观念,创新制度,在应对学生就业风险方面发挥更大功效。然而,当前高校内部的管理资源不足,风险应对机制不成熟,尚不能支持高校自身风险管理功能的有效发挥。

首先,高校专职的学生就业风险管理人员的专业化程度有待提升。为对抗学生就业挫折及其所可能诱发的系列风险,高校需要谋求与外部机构的充分合作,以有效开发各类就业、创业项目,与此同时,不断深化和细化内部学生管理。鉴于此,高校需要有一支专业型的开发团队(包括职业生涯规划、心理健康、法律援助等方面的专业人员)和高素质的管理团队。然而,前者目前尚处于学术探讨阶段,在高校管理实践中更属于新鲜事物,后者的建设则存在问题与不足。这体现在,尽管学校层面的学工、团委、教务等部门,院系层面的领导都密切关注毕业生待就业及其可能引发的多元风险事件,但具体管理事务,如提醒学生及时、充分获取就业信息,鼓励其调整心态积极应聘,防控学生因就业挫折而发生心理危机事件等,却主要由院系辅导员承担。而这一群体并非受过充分专业培养的就业辅导人员,他们中的很多人是入职年限较短的硕士或博士毕业生。一方面专业意识与专业素养还有待提高,另一方面又直面工作头绪多、压力大的毕业生就业指导工作,这易导致他们陷入职业倦怠。当面临后疫情时代骤然上升的就业压力,辅导员群体在从事学生就业指导服务方面专业准备不足的问题可能会更为显著,

而这在实践工作中则可能表现为高校学生就业风险管理的基层组织力量不充分。

其次,高校应配置更多的资金于学生就业风险管理。为促进学生就业,高校要致力于就业服务平台智慧化、就业服务人员专业化、就业服务方式多样化等多方面的改革创新[①]。为促进本校学生就业,高校还需要积极设立各类学生就业、创业激励基金项目,要积极开展毕业生心理危机干预,要为陷入生活困窘的本校毕业生提供阶段性生活补助或经济救助,以便能有效规避毕业生遭遇就业挫折或身处待就业状态而引发的次生风险。所有这些无疑都要以充沛的资金支持为基础。此外,许多促就业项目的开设不仅需要可观的先期资金投入,其后期的维持发展亦需要稳定的资金来源。而这对于财务自主受到国有资产相关规定的强制性约束,短期内也难以通过社会渠道筹集到丰沛资金的多数高校而言,必然是难以实现的。故此,在积极促进学生就业方面,虽然高校有着强烈的内在动力,但由于资金不能保障,其实际所能发挥的功效必然有限。

再次,高校层面应对学生就业风险的机制不成熟。当一定时期全社会范围内暴发风险,如新冠疫情的不期而至,必然对该时期及其之后若干年高校毕业生平稳就业造成冲击(这种冲击会尤其显著地体现于特定类型的高校、专业和学历层次的学生身上)。为即时应对就业风险,高校需要运行相关风险管理制度,应用相应的风险应对措施或做法。例如,提供弹性学籍管理制度,以帮助学生规避相对不利的毕业时间点;设置更宽泛的专业课程口径,多样化的学位辅修和职业选修计划,以帮助学生更好对接人力资源市场需求,进而开启自己的职业生涯;有针对性地开展各类学生心理危机干预项目,以降低学生遭遇就业挫折而陷入心理危机的可能性。当以上种种管理制度、措施、做法得到充分、有效落实,且其合理性在高校内部达成共识,其运行趋于高度自动化时,在高校层面就生成了相对成熟的学生就业风险应对机制。需要承认,当前我国高等教育"放管服"改革还在不断深入中,就高校管理的现状而言,存在因长期接受上级主管部门

---

① 张希玲.大数据时代高职院校精准就业服务的基本要求与发展策略[J].教育与职业,2020(8):58–63.

领导管理,未能自主探索形成针对外部市场人才需求变化的有效监测手段,亦无法据此科学估测未来市场人才需求变化而具有一定前瞻性地调整本校的人才培养定位,在高校教学与管理实践中更缺乏及时而灵活地调整课程与专业设置的敏锐性,缺乏倾注充分的资源以有效服务学生职业发展与就业服务需求方面的充足动力与热情。而上述种种欠缺显然于孕育有效的高校学生就业风险管理机制的目标存在种种不利。

(三)外部主体提供的促就业资源在各高校、专业、个体间配置不均衡

后疫情时代学生就业风险升级为一项安全问题,对其的有效治理则需要多元主体的共同参与。故不仅高校、企事业单位、政府需要对风险管理负起责任,学生个体及其家庭也应充分发挥自身化解就业风险的积极功效。然而,实践中,源于外部主体的资源支持并非均衡配置于各高校、专业、学历层次和个体间,这导致相当一部分高校和学生无法借助外部资源支持来有效对抗就业挫折,而从整体上考察,这一现实显然不利于对学生就业风险的充分化解。

首先,外部社会主体配置给个体高校,以助其化解学生就业风险压力的资源在不同高校、学科和个体间存在显著差异。社会主体如各类企事业组织、政府主体等,通过提供研究项目、人才资助计划、实习项目、创业项目等方式与高校展开合作。社会主体能借助此种合作而提升自身声誉,储备更佳的人力资源,收获企业创新发展要素,高校将借此类合作的便利而提高学生培养质量,推进科研成果转化,特别是构建起高水平就业和精准就业的平台或通道。在后疫情时代的背景下,以上合作对于应对高校学生就业风险的价值将更为显著。然而,高校与社会主体间是否建立合作,以及此类合作开展的程度大小却呈现显著的名校效应和优势(特色)学科效应。这导致一般高校、非优势(非特色)专业(它们是承受就业风险压力最大,最需要获得外部资源支持的对象)在获取外部资源支持,进而有效应对学生就业风险方面处于显著不利。为此,从提升学生就业风险管理整体成效的角度衡量,外部社会主体分担学生就业风险的作用具有较大局限性。

其次,学生个体及其家庭在应对就业风险方面呈现显著的能力差异。在非传统安全理论视野下,学生个体及其家庭是应对学生就业挫折不可或

缺的主体。然而,一方面,学生个体间会由于先天潜质和教育培养的不同而分别形成差异显著的后天素养(尤其是职业素养),这造成学生间在合理就业、规避就业风险、及时应对次生风险方面的差异性。另一方面,来自个体学生家庭的作用也会对学生应对就业风险的能力产生影响。这体现在:①处于不同社会经济层级的家庭,支持学生就业的能力不同。家庭社会经济地位越高,毕业生在初次就业落实工作单位的可能性越大[1]。当然,不同家庭所具有的经济与社会资源差异也会对学生就业时的工资水平和就业类型产生正向影响[2]。加之,家庭经济支持不仅能避免学生陷入经济困顿,有些甚至可以为其子女创业提供必要的资金支持,从而尽最大可能规避就业风险。②不同家庭支持学生走出不良心境的作用存在差异。就业挫折往往诱发学生的不良心境,欲摆脱这种不利,当事学生迫切需要外部社会的情感支持,来自家庭的情感支持则是其中最重要的一维。然而,由于不同的家庭教养方式、亲子关系形态,不同学生个体能从家庭获得的情感支持存在显著程度差异。在一些已知的学生心理危机案例中,家庭情感支持的缺失往往是其中不容忽视的原因。故必须正视个体间在家庭资源方面的差距,并作为整体防控学生就业风险时必须予以关注的因素。

再次,各级政府主体所提供的资源(专项基金、政策优惠)有限且缺乏统一调配,不利于对学生就业风险,特别是因此而可能诱发的极端性风险事件的防控。就学生就业风险管理而言,其关键点之一是有效防控最不利学生群体遭遇就业挫折及因此而陷于次生风险的危害,如学生陷入心理危机事件、陷入生活困窘等,而这一类问题的解决并非依靠市场手段能得到有效解决的,故需要政府主体(中央与地方政府)从规避高校学生就业风险及其可能引发的社会公平问题考虑,投入专项资金,颁行政策性优惠,以此来为有效应对学生就业挫折及其所诱发的极端性风险发挥功效。然而在实践中,由于此类投入与优惠的覆盖面还不够广泛,政策效力存在省域间的差异,且一些地方政府助力学生就业政策的出台多着眼于吸引大学生本地落户创

---

[1] 郑洁.家庭社会经济地位与大学生就业:一个社会资本的视角[J].北京师范大学学报(社会科学版),2004(3):111-118.

[2] 石红梅,丁煜.人力资本、社会资本与高校毕业生就业质量[J].人口与经济,2017(5):91-97.

业,故而在防范学生就业风险与次生风险方面的成效并不显著。

最后,各类专业组织在应对学生就业风险方面的积极作用尚不明显。一方面是高等教育专业组织,在引导高校更新观念,开发创业课程,推进各类专业创业教育发展方面本就具有先导性优势。此外,此类组织作为一线教学与管理人员、专家学者共同构成的组织,在促进校际交流合作、资源共享方面还具有天然的组织优势。这二者决定了在高校专业组织在推进学生就业风险管理研究与实践发展方面具有不可替代的作用。另一方面,各类行业组织在有效化解学生就业风险方面的作用亦不容忽视。如各类行业组织每年度预测本行业就业形势,发布就业信息,专注于开展高水平职业培训合作等。然而,审视我国当前现状,上述两类组织的相关功能还未能有效焕发,这不利于对高校学生就业风险的有效应对。

四、高校学生就业风险管理的优化重构

为解决高校学生就业风险管理中所存有的问题与不足,必须积极对学生就业风险管理理念与实践展开重构,以期能逐步优化相关领域管理,进而提升高校对学生就业风险的管理能力。

(一)从满足多元主体利益诉求的视角下重塑高校管理理念和管理目标

以非传统安全理论审视高校学生就业风险,其作为一个安全问题,会关涉包括高校(领导层与多部门)、涉事高校学生方、企事业等用人单位、专业组织与研究机构、政府、社会公众等一系列安全主体的利益。这种情况下,为有效应对高校学生就业风险,各主体间需要求同存异,在充分识别风险、合理分担风险损失、建立及时与长效应对机制方面谋求合作。然而,上述主体间因信息沟通不畅、利益诉求差异等原因,相互之间的关系并非始终协调一致。鉴于此,高校组织应率先转变观念,秉持利益共同体理念,从观照校方、学生方、外部组织、社会与国家的共同发展利益出发,重构学生就业风险管理目标。具体体现为以下二维目标:①基本目标,以运行有效的学生就业风险管理来支持高校平稳运营,即通过不断优化毕业生就业指导,推进学生创业教育,使学生遭遇待就业风险的可能性及其所引发的各类风险损失降到最低(或高校所能承受的范围内),从而积极焕发该领域管理在提升高校

的学生就业成效,支持高校的平稳运营,提升高校排名和声誉等方面的基础性作用。②拓展目标,以不断提升学生就业管理成效来应答与学生就业管理相关的多元主体的利益诉求,即以灵活、弹性化的专业课程设置来积极适应学生对专业学习的需求,各行业对人力资源的需求;以切实、有效的创业项目支持学生的就业,为社会上新企业的诞生、新产业的孕育构筑平台;以不断完善学生心理危机干预制度来确保学生群体遭遇待就业后的身心健康安全,并观照其整体家庭的平稳;以积极运行本校学生就业信息公开,来满足公众媒体对高校良好组织形象的期待;以不断提升学生就业率来满足高校领导层与上级管理部门对高校该领域管理的绩效要求;以积极支持困难学生就业来为国家精准扶贫、社会和谐与公平进程的推进提供助力。总之,以满足多元主体利益诉求的理念拓展管理目标,将是高校谋求该领域改革创新的起点。

(二)从维护高校多元安全视野下开展高校学生就业风险管理改革

面对后疫情时代高校学生就业管理压力的骤然上升,面对高校多元管理领域因学生就业问题而承受额外安全风险的现状,高校既要强化学生事务领域的管理改革,同时也要逐步推进高校各部门间的管理协同合作,不断强化该领域人力资源建设,以便能构建良好的高校管理环境,从而对后疫情时代的学生就业风险及其可能诱发的多元次生风险形成有效屏障。而这需要从以下几方面入手:

首先,提升高校各管理部门间的工作协同性,为应对就业风险构筑坚实的组织基础。随着就业市场环境的严峻化,学生常态化遭遇就业挫折可能成为导致高校多元安全风险的重要诱因。在这一背景下,应对学生就业风险也必须从高校某一部门的专门性职责逐步上升为关涉高校多元管理领域的共同工作内容。为此,应汲取2009年美国加拉格尔高等教育智库发布的高校风险管理公告中的倡议,即为应对学生就业风险,建立起包括多部门主管在内的高校风险委员会。考察我国高校管理,这一理念也有相应的管理实践基础,这体现为高校领导抽调多部门的工作人员成立专门工作小组以应对某类高校风险或危机问题。鉴于此,面对后疫情时代高校学生就业风险的日趋严峻化,以提升高校学生就业指导成效为目标,突破校内各部门间刻板的管理职责划分,渐次吸收校内多部门与院系中不同专业背景、不同管理岗位的领导与工作人员组建相关委员会,并使其直属于主管学生工作的校级领导,这一组织结构创新将孕育出一个能为本校学生就业指导服务提供研究、咨询、评估、执行等多元功能的新部门,该部门的建立,也将为加强校内各部门管理的协同合作,从而能整体管理高校毕业生待就业所可能引发的多元安全风险搭建坚实的组织基础。

其次,通过逐步完善专业服务人员队伍建设来推进高校学生就业指导服务的专门化发展。为提升毕业生就业能力,有效帮助其应对就业挫折,高校应在现有学生事务管理人员队伍中分化、发展出一支专门化的就业服务工作团队。例如,可以通过选择现有辅导员群体中的部分人员开展专业定向培训,从而培育出一支专业于学生就业指导及相关工作的学生事务专家队伍。之所以更倾向校内人力资源培养方式,而非迅速引进社会上具有相关背景的专业人员参与高校实践管理,是考虑到高校在编的学工人员通常具有适应本校环境、熟悉学生个体特征、把脉就业指导走向和把握国家就业政策等多方面优势,这使他们能更有效地从日常管理服务层面入手,很快上手针对本校学生的就业指导教育①。此外,作为与在校生密切接触的专职管理人员,他们能及时掌握学生学业发展、身心健康等方面的动态,从而能帮助学生有效应对就业挫折及其可能诱发的次生风险。

最后,逐步孕育生成高校层面的学生就业风险应对机制。①这需要应用多种措施,不断优化高校学生就业指导服务的微环境。在此方面,发达国家高校的一些做法已为实践证明其合理性。例如,高校依据市场需求及时调整专业与课程设置弹性化学制,柔性化教学管理,以便学生能进入最有利于其就业的专业修习,在其认为合适的时间点毕业求职,从而为促成学生就业提供用户友好的服务;高校还与用人单位展开专业实习、合作研究等多形式合作,以促进求职者与雇佣者双方更有效的沟通,并为学生提供更为精准并对接专业的就业信息;高校致力于开展创业教育,孕育创业基地,培育专业化创业团队,开发就业、创业项目等,上述努力能显著优化高校就业服务微环境,从而成为孕育高校层面就业风险管理机制的重要基础。②为支持

---

① 李红冠.高校辅导员大学生就业指导角色研究[J].黑龙江高教研究,2016(9):117-120.

那些处于最不利状态的学生群体的公平就业提供必要保障。不利学生群体是否得到有效就业帮扶,直接影响该类学生群体人的安全保障,且密切关涉高校就业管理及其他多元安全目标的达成,在某些情况下甚至关涉社会和谐稳定。为此,高校应在学生管理部门和各学院设立专职的就业帮扶工作岗位,此外,还应通过与外部的社会创业机构、省市属就业辅导中心等展开合作的方式,为本校学生事务专职与兼职人员提供各类校内、外专业培训计划,以便培育出一支专业化的帮扶队伍[①]。当前,提升相关人员专业素养来更好地服务于就业不利学生群体,这应当成为高校管理学生就业风险的着力点。

(三)从协作治理的视角下整合多元主体功能,构筑抵御学生就业风险的长效防控体系。

随着高校毕业生待就业这一安全问题的日益突出,围绕该问题的治理者群体应积极协商合作,以逐步生成多元主体功能整合的学生就业风险长效防控体系,而这至少需要有以下几方面的调整与努力:

第一,雇佣者主体应充分焕发自身在应对高校学生就业风险中的正向功能。在高等教育劳动力市场趋于买方市场的情况下,就业歧视、压榨被雇佣者等种种不合理现象可能更为常态化,这无疑会损害广大求职者的合法权益,并不利于社会的公平与正义的实现,而这种异象最终导向的结果是所有社会成员的生命福祉都将受到不同程度的损害。如日本从30年前曝出职场"过劳死",到当代"家里蹲"人群的出现,从对"失落的一代"的哀叹,到"低欲望社会"的到来,年轻人的不恋爱、不出门、不买房、不结婚、不生子,所有这些都需要我们每一个人,特别是雇佣者主体的警醒。当发生雪崩时,没有一片雪花是无辜的。雇佣者主体必须承担自身社会责任,通过不断完善行业自律,自主遵循法律规制,从而促使行业内每一主体理性参与市场运营活动,审慎处理雇佣关系以保障求职者的权益。此外,企事业单位、非营利组织作为吸纳高校毕业生的用人单位,在应对学生就业风险方面还应发挥基础性作用:如,此类主体可以通过释放自身的就业岗位存量来参与化解在

---

① 徐鸿宇,孙干."五化协同"高校困难生就业帮扶长效机制探析[J].教育与职业,2020(2):103-108.

一些特殊时期,人力资源市场某些专业领域岗位需求骤减而对高校毕业生求职造成的严重冲击。此外,此类主体还可通过实习、合作等多种形式与高校主体合作,共同实施对高校学生的岗前培训与就业辅导,以部分消解一定时期高校毕业生专业结构与市场需求结构间的不匹配。最后,雇佣者主体还可通过向高校提供人才资助计划、实习项目、创业项目等方式来助力高校学生自主创业,这不仅有助于提升雇佣者主体的声誉,吸纳优秀的人力资源,获得企业创新发展要素,同时也将助力高校构建起高水平就业和精准就业的平台或通道,提高高校就业指导服务成效。为此,雇佣者主体积极发挥自身正向功能的种种做法,被置于后疫情时代的高校学生就业环境下,对于消解危害大学生就业的结构性失衡具有重要价值。此类做法也由此成为构筑高校毕业生就业风险长效应对机制不可或缺的要素。

第二,充分认可并焕发学生个体及其家庭的自我支持功能。在非传统安全理论视野下,个体及其家庭是应对学生就业风险必不可少的主体。首先,应当承认,学生个体间会由于先天潜质和教育培养的不同而形成不同的个人素质,从而会在很大程度上影响其就业情况。但是,不同学生家庭所具有的经济与社会资源差异也会对学生就业时的工资水平和就业类型产生正向影响[①],这无疑会使处于不同家庭背景的学生面临不同程度的就业风险压力。此外,来自家庭的情感支持有助于学生走出就业挫折的心理阴霾,从而为其之后求职成功创造有利条件。为此,高校要积极发掘学生家庭在有效支持学生就业方面的功效。当然,在校生所属家庭既是防范学生就业风险的重要力量,亦可能成为诱发或放大就业风险及其次生风险的作用方。这主要由于不同家庭亲子关系文化及家庭能够为子女提供的社会资源方面存在差异。相对来说,情感支持不足,成就期待高,社会资源薄弱的家庭,学生遭遇就业挫折及其次生风险的可能性较高。鉴于此,高校应通过密切家校联系来更好掌握此方面情况,切实甄别那些因家庭(及与家庭特殊性相关原因)而陷入就业不力的学生个体,为其建立帮扶档案,并使其优先享受种种政策性、公益性支持。上述努力将有助于保障这一群体的就业公平,降低其

---

① 石红梅,丁煜.人力资本、社会资本与高校毕业生就业质量[J].人口与经济,2017(5):91-97.

遭遇就业挫折的可能性。此外,还应积极活化学生家庭对学生满意就业的资源与情感支持,以助力高校降低就业风险及可能进一步诱发的其他多类安全风险。为此,引导家庭主体发挥其正向功能是构筑高校学生就业风险长效防控机制不可或缺的辅助性元素。

第三,充分释放各级政府在资源调配、立法规制、社会保障、对接国际等方面的功效。高校学生事务风险的产生受到高校内外多方面因素的影响,积极改善外部环境条件,降低或消除外源性因素的影响力,是降低此类风险发生率与危害性的重要一维。在此方面,政府主体的功能发挥至关重要。以应对高校毕业生就业风险为例,中央与地方各级政府已经在推进就业信息传播、扩大国内就业岗位方面做出了重要努力。但随着高校毕业生人数的逐年递增,疫情所带来的负面影响,国内就业市场岗位需求量的收缩,待就业高校毕业生群体规模的扩大,高校毕业生遭遇就业挫折或陷入待就业的情况依然会趋于严峻化。为避免由此出现的高校学生就业风险及其他次生安全风险的加剧,政府主体应致力于不断完善针对待就业高校毕业生群体的社会保障制度。此外,为破解今后相当一段时期内,我国高等教育人力资源市场中的供需矛盾,政府主体要及时开启全球就业战略筹谋,即通过多种渠道积极打通海外就业市场来助力高校毕业生有效就业。当然,考虑到高等教育人力资源市场中的供大于求可能使高校毕业生群体求职面临种种不利,政府主体还应不断细化相关政策法规,以有效遏制就业歧视,维护求职群体的就业公平。为此,政府主体所发挥的积极功效是构筑高校学生就业风险长效防控机制最具前瞻性与决策影响力的元素。

第四,高校主体充分发挥就业风险的资源合成器功能。在治理共同体的框架下,个体高校直接化解就业风险的功能是有限的,但作为具有自主性和专业性知识的主体,高校充分发掘、整合各类外部资源,构筑起一个充分服务于学生需求、有效降低学生就业风险,进而有效回应外部问责的学生就业风险防控体系是可以实现的。这是高校组织积极保障本校学生就业权益、有效达成自身组织使命的重要方式之一。事实上,当高校组织能有效发挥与外部多元主体间的合成器角色功能时,其在整合资源、配置资源、创生资源等方面所具有的优势才能得以释放。这意味着,高校组织需要不断创新自身与各类外部主体的合作交往方式:如从有效保障学生权益出发,探索通过更深入的对话协商,不断创新与政府主体间的合作伙伴关系形式;以互利合作为基点,探索与雇佣者主体就研究开发、成果转化、人才定向培养等方面不断创新深化合伙人关系;以和谐共生为目标,通过信息公开、民主参与等机制,有效焕发公众媒体、社会公益组织的正向功能,并在这一进程中不断创新与上述主体间的互助共生关系。总之,高校组织积极致力于上述方面的行动,才能有效整合多元社会主体功能于高校就业风险管理,从而为在社会层面逐步构筑高校学生就业风向应对机制创造条件、奠定基础。而这也正是高校组织在应对学生就业风险方面主体性功能发挥的重要体现。为此,高校主体所发挥的多元功效是构筑高校学生就业风险长效防控机制最具生长性的元素。

第五,专业组织与行业组织主体有效发挥自身专业研究、信息供给功能。各类专业组织、行业组织在化解学生就业困境方面的积极功效主要体现在两方面:一方面是高等教育专业组织在引导高校更新观念、开发创业课程、推进创业教育发展方面具有专业优势,故需积极参与到应对高校毕业生就业风险的相关行动中。此外,专业组织的会员多为高校相关领域专业管理人员,此类组织在升华、创新管理经验,促进校际专业知识与信息交流,开展合作研究和资源共享方面具有人际优势,故专业组织的介入将为探索如何应对学生就业风险提供充分的专家支持并构筑必要的组织基础。另一方面是各类行业组织,它们每年度预测本行业就业形势,发布就业信息,专注于高校组织开展职业培训合作计划等。行业组织的行动能为广大高校毕业生群体提供及时的就业信息与宝贵的职业发展实训,其在有效化解学生就业风险方面的作用亦不容忽视。而以上两类组织功能的充分发挥将为引导高校学生主体的专业选择与求职行动更趋理性化提供重要引导,将为有效应对学生就业风险提供技术支持。为此,专业组织与行业组织积极发挥自身功效将为构筑高校学生就业风险长效防控机制提供最具应用效能的元素。

第三节　高校国际生事务风险及其管理

在非传统安全视野下,高校国际生群体是一类易遭遇社会环境变化及其风险的特殊学生群体。例如,曾经骤然暴发的新冠疫情就仿佛是放大镜,将该群体在跨境学习与生活中所遭遇的种种不利与利益损害,所承受的种种风险与挑战,以直观而放大的方式呈现在人们眼前。然而,作为承担全球范围内尖端科研活动的学术后备军,作为密切国与国之间理解与交往的桥梁与纽带,或者仅仅是作为一国高等教育服务消费者,国际生群体都应当获得必要的权益保障,而这就需要国际生所属高校为此类学生提供全面而有效的管理服务,以便支持该群体的学术提升、社会融入、文化适应与职业发展。而这也是最大程度降低国际生事务风险,以支持高校国际化发展,推进高校教学与科研卓越等的重要抓手。鉴于此,本节将就高校国际生事务风险及其管理展开相关探讨。

一、高校国际生事务风险管理概述

国际生作为跨境学习者,不论是在过去还是在当代,都会更直面国际政治、经济环境激变所导致的不利,承受留学目的国(地区)特定时期社会环境与政策变化所造成的种种困难。已有研究表明:作为跨国(跨地区)与跨文化学习与生活者,国际生在获得高校录取、突破签证限制、应对文化冲击、求取外部帮助、适应留学国教育体系、保持个人经济安全、摆脱种族偏见与歧视、使家庭成员适应等多方面处于相对不利地位[1]。如何使该群体获得来自接纳高校及其他各类组织所提供的及时而有效的支持服务,以确保每一名国际学生的顺利入学、有效融入,并通过积极的学业与社会支持,最终实现个人的多元发展与职业成功[2],这已经成为国际化时代高校组织必须担负的组织使命。而新冠疫情的暴发,更使高校应当对国际生群体给予有效支持服务这一客观需求变得更为迫切,因为疫情的肆虐将从各个方面挑战大学的生活,不仅是经济,还有实体教学(in-person teaching)、校园宿管、科学研

---

[1] THIURI,P. International student satisfaction with student services at the rochester institute of technology[D]. Boston:Boston College,2010.

[2] TARA M. An inventory of international student services at 200 U. S. universities and colleges:descriptive data of pre-departure and post-arrival supports[J]. 2019,4(9):993-1008.

究、师生出行,以及其他方方面面①。而当整体高校陷于疫情冲击之下,国际生群体所面临的困难与不利还会被进一步放大。以最大的国际生接纳国美国为例,2020年3月,众多大学紧急关闭校园,要求学生归家,国际生由于旅途遥远,国际旅行限制而无法正常离校,但停摆的校园却依然切断了他们通常在高等教育机构中可能获得的种种社会资源,如餐厅服务、辅导中心的帮助、同学间的交往与支持等。② 甚至是拥有相对完备的国际生服务的哈佛大学,疫情的骤然暴发,也导致该校国际生面临种种困顿。因为,国际生多有类似初代大学生的不利,加之其所属家庭的经济收入通常不高,这使他们在饮食、住宿和稳定生活方面都严重依赖哈佛大学的各类支持服务。③ 故当疫情暴发,哈佛校园不得不骤然关闭,他们的正常学习与生活必然遭受严重影响。例如,由于高校全面转为线上教学,本就因跨文化学习而面临不利的国际生会承受时差影响、网络不稳定、师生与生生联系被切断等不利④。此后虽校园重新开放,但对新冠病毒的所谓"溯源"则屡屡引发校园内歧视和侵害国际生,尤其是亚裔群体的现象⑤。

尽管新冠疫情及其所诱发的种种负面影响在逐步消解,但展望今后,处于百年未有之大变局之中的国际社会,其国际格局与国际关系的种种变化,依然会使国际生群体难以避免地成为承受种种政治、经济、环境变化冲击,甚至是遭受地区冲突与战争风险的不利群体。为此,积极发展与完善高校

---

① HARVARD M. A vision for post-pandemic harvard [EB/OL]. (2021-03-08) [2021-04-06]. https:// harvardmagazine. com/2021/03/president-bacow-on-post-pandemic-harvard.

② MELISSA W. The International student experience at u. s. community colleges at the onset of the COVID-19 pandemic[J] Journal of international students 2022,1(12),42-60.

③ JULIET E,ISSELBACHER, AMANDA Y S. "The shortest notice possible":For first-generation,low-income students, rapid move-out from harvard brings unexpected challenge. [EB/OL]. (2020-03-11) [2021-11-12]. https://www. thecrimson. com/article/2020/3/11/harvard-coronavirus-fgli-student-concerns/.

④ The Harvard Gazette. The outlook on Harvard online learning[EB/OL]. (2020-06-12) [2021-04-10]. https://news. harvard. edu/gazette/story/2020/06/the-outlook-for-harvards-online-learning/.

⑤ Harvard Office of the President. Standing Together[EB/OL]. (2021-03-18) [2021-04-06]. https://www. harvard. edu/president/news/2021/standing-together/).

国际生支持服务,不断完善国际生事务风险管理,将成为后疫情时代高校组织有效维护国际生权益,充分履行自身组织职责的必然选择。

需要特别说明的一点是,进入我国高校的外国学生一般被称为"来华留学生"。而为了与国际相关研究术语相一致,本书中通常会使用"国际生"来指代"来华留学生"。如果需要特指他国高校中的外国学生,会特别在国际生之前冠以"某国高校"来加以区别。

二、高校国际生事务风险:非传统安全视野下的审视

新冠疫情的暴发,使国际学生群体所承受的风险与压力骤然提升,这也给高校国际生事务风险管理带来了新的挑战。鉴于此,积极识别该领域潜在的风险,不断提升该领域风险应对的技术与手段,将是在后疫情时代保障国际生群体的个体权益,满足其合理发展需求、同时维护高校平稳运营与良好声誉的客观需求。而实现上述所有目标的一个重要前提是,充分认识后疫情时代国际生事务风险的性质。鉴于此类风险中的某些特殊事件可能发展演变为诱发多元危害的安全问题,而这则需要基于非传统安全视野对上述所提及的风险与风险事件展开深入分析。

首先,后疫情时代的高校国际生事务管理将面临多元安全风险挑战。新冠疫情的骤然暴发冲击高校既有的管理秩序,从而引发种种管理风险,这折射在国际生事务领域,将会有更为典型的呈现。如:①公共卫生安全风险。疫情暴发使校园这一人口密集且流动性大的组织面临更高的传染病防控压力,而国际生跨境旅行的特殊需求无疑使自身陷入了更高传播与被传播疾病的可能性,故此,高校需要对此方面问题有及时的预判与必要的应对,否则将大幅提升国际生事务领域的公共卫生安全风险。②教学安全风险,疫情下的高校教学不论线上还是线下模式,都面临学生学习体验不佳的挑战。而国际生在此方面更会因为线上教学的时差问题、人际交往缺失,口罩式线下教学对师生、生生对话交流的影响等而承受更多的不利。为此,国际生事务领域必须对此类问题的危害性给予充分的识别与应对,否则,该领域将面临教学安全风险的大幅提升。③合规安全风险。疫情暴发以来,各国政府陆续收紧旅行与签证政策,国际生面临更多的签证壁垒与旅行限制。这种情况下,如果校方未能充分尽到指导帮助职责,则国际生易涉入签证违

规,这种情况甚至可能发生在国际生正处于国际旅行的进程中。鉴于此,负责国际生事务的相关部门必须要有效行动,以避免自身领域违规风险的上升。④校园安全风险。疫情使学生更易陷入心理与情绪问题,当事人更易对自己造成伤害或对他人实施侵害,国际生事务领域必须高度重视上述情况,积极采取有效的应对措施,以避免学生事务领域频发校园安全风险事件的情况。⑤管理安全风险,因疫情防控而转为线上开展的教学与管理活动,这一变化会引发更多的来自学生的质疑与抱怨,因疫情而改变的高校管理制度也将引发学生的不适与愤懑。而国际生作为跨文化学习者的不利更会放大他们在经历上述情境时的不良感受,而这意味着国际生事务领域更高的管理风险,高校管理安全风险将显著提升。⑥生源安全风险,疫情导致国际新生申请率、注册率下降,甚至在册生也可能因种种原因中断学业,由此导致国际生事务领域陷入生源安全风险。⑦财务安全风险,疫情导致大学收入下降,管理成本上升,由此更易陷入财务窘迫,这种情况的危害对较多依赖国际生源而获取学费收入的高校而言则更为棘手。而这种财务安全风险在国际生事务领域也会更为凸显。⑧声誉安全风险,疫情后大学的教学、管理、服务等方面问题更易引发媒体的负面报道,国际生作为促进国与国交流合作的使者与桥梁,其对留学所在校的感受与评价,会直接影响该校的声誉。为此,国际生事务领域需要积极做好疫情下针对国际生的多项服务,以避免国际生陷入或引发不良事件,从而维护本领域乃至高校的声誉安全。展望今后,新冠疫情所造成的负面影响在逐步消退,高校运行正在不断趋于恢复、发展。但考虑到今后依然可能出现类似新冠疫情的外部社会环境激变,高校组织必须对自身组织运行所面临的多元风险危害有全面、充分的预估,而这也正是后疫情时代有效开展国际生事务管理(高校管理)所必须秉持的基本思路之一。

其次,高校国际生事务管理领域的一些风险事件可能演变为新的安全问题。国际生群体是联系一国与国际社会,一国与其他主权国家的特殊桥梁与重要使者。故该群体在留学目标校中的个人学习、生活体验将形成他们对一国高校与社会生活的基本印象。高校国际生支持服务作为支持国际生群体有效学习与合理生活的保障机制,其有效运行将为构筑起国际生心目中接纳国的美好国家图景,发挥积极而重要的影响。从这一意义上考量,国际生事务无小事。为此,要有效应对国际生事务领域的风险事件,以避免其演变为具有更高危害性与更大危害范围的安全问题。以推进国际生的社会融入与文化接纳工作而言,尽管我国整体社会治安良好,然而,考虑到国际生跨文化生活而具有的种种先期不利,则需要悉心指导、支持他们规避各类风险。否则,他们依然可能遭遇种种意外,例如,在外出旅行或游玩时偶然遭遇宰客;当旅游目的地游人过多,可能陷入拥堵甚至踩踏事件;因为体质特殊而出现食物过敏,或滋生胃肠道疾病等。此类事件看似微不足道,但对于身体素质与生活习惯迥异的国际生而言,如未能及时消除类似事件可能造成的消极后果,则可能导致当事学生陷入人身与财产安全风险。此外,在我国"一带一路"发展战略推动下,国内高等院校面向"一带一路"沿线各国招收了大批来华留学生。这些学生在享受了我国政府优惠的奖学金支持后,是否能有效开启专业学习,这不仅关系留学生自身发展,亦影响着我国来华留学生教育成效的实现。为此,应积极优化对留学生群体的学业支持,不断完善学业考评机制,以最大程度降低留学生的学业风险;还有,针对留学生群体中极少数可能涉及违法犯罪,甚至参与暴恐事件的当事人,如何在事前积极鉴别、重点监控,以便能从源头上遏制此类不良事件的发生,这已是上升到关涉我国社会稳定、国家安全、外交成功的重要事务。总之,积极防控国际生事务中的风险事件,以避免其演变为新的安全问题,这正是当代高校国际生事务管理必然承担的职责内容。

三、高校国际生事务风险管理中存在的问题与不足

对国际生事务风险管理的观念局限在实践中可能桎梏该领域管理的创新发展。而相关管理资源与主体功能发挥得不足,更直接危害该领域管理的成效提升。为此,需要通过积极创新观念,有效拓展资源,充分焕发多元主体行动来不断提升该领域管理成效。

(一)高校于国际生事务管理中存在观念局限

在非传统安全视野下,一些国际生事务管理中的风险事件可能演变为具有更高危害性与更大危害范围的安全问题。而其所具有的始发性、潜在

性、复合性、扩散性等特质①,也决定了对此类风险问题的治理需要整合多元主体的努力。然而,当前该领域管理中存有的某些观念认识,则可能危害上述集体治理行动的有效开展:

首先,国际生群体(来华留学生群体)相比国内高校学生,更关涉我国对外政策推广与国际声誉提升,故涉及该群体的所有事务都必须给予专门性管理。这种观念也部分解释了在高校工作实践中,国际生事务与一般学生事务通常被机械割裂之缘由。然而,从更有效地防控国际生事务风险的目标出发,从推进我国国际生事务管理逐步与国际通行做法接轨现实需求出发,我们应当认真反思上述观念认识的滞后性与局限性,具体来讲,上述观念过度强调专门性管理,与留学生工作是积极开展留学生服务,以有助于留学生顺利完成学业任务、生活愉快、深入了解中国②的工作目标存在显著不一致,也与国际范围内多数高校国际生事务管理的通常做法存在一定差异。这可能造成,国际生工作的实践开展会很容易陷于对国际生诸多不能做的限制③,而非为他们提供更为充分有效的支持服务。这种情况的存在也许能部分规避国际生人身伤害等显性风险,但却可能给国际生的社会融入、文化认同、学业发展乃至未来职业发展等方面造成不利,增强国际生群体的学业、职业等多领域发展的风险与不确定性。为此,主张国际生事务必须给予专门性管理的观念,其对于实践的指导是弊大于利的。

其次,院系(院系内的行政与教学人员)是管理国际生的责任方,需要有效承担起对国际生管理的各项工作事务。这种观念部分解释了在高校工作实践中,并不具有充分专业服务能力,也无力承担完全法律责任的导师或相关学工人员,却被认定或指派为对国际生的各类发展事务负有几近完全责任的不合理管理现象。这一现象进一步引发的后果是,为尽可能降低国际生事务风险,相关管理人员与责任人往往会从降低自身管理压力的动机出发,安排国际生日常学习与生活的的各类事务。其中,难以避免地会出于最大限度减少风险,而对国际生的一些活动给予限制。此外,出于个人精力与

---

① 余潇枫. 非传统安全概论(第三版·上卷)[M]. 北京:北京大学出版社,2020:30-31.
② 黄道林. 正确处理留学生管理工作中的若干问题[J]. 中国高教研究,1994(6):51-56.
③ 李欣,张国锦. 美国高校"以学生为中心"的国际学生事务工作特色及对我国高校国际化的启示:以麻省大学波士顿分校为例[J]. 教育现代化,2018,5(18):144-145,149.

社会资源的有限性,他们也难以为国际生的多元发展提供充分的支持与服务。为此,无论是从更好防控国际生事务风险的目标出发,还是从充分开发各类校内外资源,以有效支持国际生多元发展需求的目标出发,我们应当充分认识上述观念的不合理性。具体来讲,上述观念极易将人性化、全面性、前瞻性与发展性的国际生服务异化为机械性、片面化、短视性与封闭性的,趋向于简单问责的管理规范,在一定程度上是一种忽视高校国际生管理基本规律的管理霸权的体现,更无法观照到留学生工作的有效开展需要整合校内多元部门与人员的合作努力这一现实需求。为此,必须要对上述不合理观念给予有效纠正,否则将不利于我国来华留学工作成效的持续提升。

(二)高校国际生事务风险管理的模式存在功能缺失

当前,我国高校国际生工作的模式还主要停留在所谓双元化管理模式下,其特征是高校中的国际生事务管理与国内学生事务管理基本分属不同的管理系列。国际生通常由其所在高校的相关处室或所属学院的相关部门负责日常事务管理,而非纳入高校一般性学生事务管理的范围。国际生的学业发展、生活适应、校园参与、人际交往等通常与国内学生的相关成长轨迹并不重合。而国际生管理与服务中那些涉及签证、奖学金、文化适应等专项工作,会由校方将其交予国际交流处或专门设定的留学生办公室来处理。并且,在日常工作中,由于国际生事务关涉的各部门机构间缺乏必要的交流与合作,上述国际生管理服务模式可能在有效服务国际生的发展需求方面力有不逮。因为,这种模式下,国际生在客观上被隔离(或部分隔离)于丰富校园文化与社会发展资源之外。这体现为,一方面是与国内学生群体间的疏离,这对于他们建立更为丰富的人际交往,真正融入中国社会造成了不利,另一方面,高校中既有的学生事务管理与服务资源也不能针对国际生群体而充分发挥效用。这一现状的持续存在对于国际生事务风险管理而言则更具危害性。因为,之前从非传统安全视野下俯瞰国际生事务管理表明,此类事务管理中某些风险事件可能演变为具有更高危害性与更大危害范围的安全问题。为此,对国际生事务风险问题的治理,迫切需要整合多元主体的努力。但在现有的高校国际生事务管理模式下,仅就高校内部管理而言,众多本可以发挥风险管理功能的部门,却由于现有的国际生管理模式而被排除于风险治理行动之外。当然,近几年我国国内已经有一些国际化发展程度较高的高校在探索国际生事务趋同化管理的转型,但此方面显现效果还有待时日。以北京大学为例,尽管高校在推进国际与国内学生交流方面,在探索趋同化服务方面做出了积极努力,但调查表明,北京大学的国内学生频繁或多次与国际学生交流的比例仅为12.6%[1]。考虑到以上种种,当前,积极转变观念,通过不断创新国际生管理模式来为国际生事务领域吸纳更为丰富的校园与外部社区支持服务资源,这不仅是不断优化国际生事务管理之需,同时也是有效应对上述国际生事务领域现有的,以及潜藏的种种风险与不利事件的发生,降低此类事件危害性的基本策略与思路。

(三)多元主体尚未能充分参与国际生事务风险管理

后疫情时代的来临,为我们认识国际生事务风险可能升级为一项安全问题提供了一个历史节点上的镜像,这也有助于我们在积极治理此类风险事件时,充分认识有效焕发多元主体积极参与风险治理的价值与必要性。但反观当前的国际生事务风险管理现状,其中仍存在一定的问题与不足:首先,高校中依然有多元主体未能参与到风险治理行动中。高校中的多类管理人员虽然能为有效应对国际生事务风险发挥重要助力,但却并未加入实践之中。如教师与学生主体,他们能为国际生事务风险管理发挥其个人所属专业领域的独特支持与服务功能。然而,由于现有高校国际生事务管理体制与模式,他们并没有被赋予参与相关服务的机会与空间。由此也难以为应对国际生事务风险提供可能的支持与帮助。其次,高校周边社区中的主体也未能被整合到风险治理行动中。高校周边各类住宿、生活、娱乐与服务设施是国际生经常涉入其中的场所。从风险管理的视角考察,积极排查此类所隐藏的风险点是有效降低国际生事务风险的重要方面。而当前,国际生事务风险管理中尚未能充分重视和调动此类主体的参与行动,这对于全面规避国际生涉入意外人身与财产损失风险而言必然力有不逮。最后,外部社会主体参与风险治理的功能未得到充分开发。高校国际生事务风险

---

[1] 房欲飞. 新时期我国推进"在地国际化"的战略意义、挑战及对策探析[J]. 复旦教育论坛,2022,20(2):85.

作为一个可能危害国际生个体、高校、社会、国家等多元主体利益的潜在安全问题,应当得到多元社会主体的关注与参与治理。这一进程中,高校作为该治理共同体中最核心的成员,相对其他主体,其在有效开发和配置风险管理资源方面更具经验与能力优势,应致力寻求与共同体其他主体的有效合作。但在这方面,高校主体还未能有合理的策略与积极的行动。这无疑会阻滞国际生事务风险治理共同体的生成,进而不利于对此类风险的全面充分治理。

四、高校国际生事务风险管理的优化重构

为解决高校国际生事务风险管理中所存有的问题与不足,必须积极对该领域就业风险管理理念与实践展开重构,从而探索提升管理成效,进而有效维护国际生的合理权益,支持高校国际化发展等多元组织目标的达成。

(一)重塑国际生事务风险管理理念与目标

在非传统安全视野下,高校国际生群体可能承受多元安全风险。如果以人的安全的两个标准,即免于恐惧的自由和免于匮乏的自由[1]来解析,则至少应包括避免国际生陷入那些可能导致其陷入生命与健康威胁的情况,如因公共卫生事件、意外冲突、社会骚乱乃至暴力或犯罪事件而遭遇不利或不幸;此外还包括避免国际生陷入可能危害其生存发展的各种物质缺失,如避免衣食住行的不周、医疗保障的不足,避免个人尊严的损害,避免个人发展机会的丧失等[2]。上述两方面标准的确立,将为我国高校国际生事务风险管理纠正惯有的观念偏差,不断完善管理目标提供方向性引导。为此,首先要以有效降低国际生人身伤害风险,更好确保国际生群体(来华留学生群体)发展权益为出发点,来突破既有的观念桎梏。一方面,要认识到,重视国际生工作,将该项工作视为关涉国家对外政策与国际声誉的认识,可以通过多种更为合理的方式实现,而非必须通过将国际生事务给予专门化管理来达成。特别是既有的专门化管理是建立在当前对国际生的生活与发展给予

---

[1] MELY C A. An introduction to non-traditional security studies [M]. Thousand Oak: SAGE Publications, 2016: 30-31.

[2] MELY C A. An introduction to non-traditional security studies [M]. Thousand Oak: SAGE Publications, 2016: 9-11.

较多约束与规制的基础上。该种管理模式会在客观上阻碍国际生对中国社会、中国学生群体、中国校园生活的更深度融入,从而不利于该群体学生对各类显性的与隐性发展资源的获取。这可能危害到国际生个体的学业、科研、求职、人际交往等多方面的发展。为此,应当在充分反思上述观念认识的滞后性与局限性基础上,积极推进我国国际生事务管理逐步与国际通行做法接轨的意识与行动。另一方面,加强对国际生人身伤害风险管理及其他不利事件的控制,不能仅以要求院系行政与教学人员全权负责的具有强制问责的方式落实。因为高校国际生人身伤害及其他类型风险诱因的多样性、风险所造成的危害性的泛化决定了,对此类风险的防控绝非依靠所指定的"相关责任人"的一己之力所能够切实承担的。事实上,在防控国际生事务风险方面,需要整合多元利益相关者来形成一个"治理共同体",通过它们的协同合作来构建起应对风险的有效屏障。鉴于此,应当转变观念,从观照多元利益相关者,包括校方、国际生、各类国际生事务工作人员、外部组织、社会乃至国家的共同利益,充分调动各类主体参与治理为关注点,重构高校国际生事务风险管理目标。这具体表现为积极整合校内管理人员、广大师生、校外各类组织、公众、媒体等多元主体的作用力,来保障国际生的人身安全与学业发展、确保其正常生活,促进其文化融入,推进其职业发展。这是有效防控国际生事务风险事件的发生,降低风险事件所可能造成的危害性的重要应对手段。在此基础上,以良好的国际生事务风险管理来支持高校的国际化发展,促进大学及周边社区的繁荣发展,回应公众媒体对高校良好组织形象的期待,进而为助力我国对外政策的落实,并不断提升我国的大国形象发挥基础性作用。

(二)在维护多元安全目标下优化高校国际生事务风险管理

在非传统安全视野下,高校国际生事务领域更易面临多元风险挑战,如国际形势波云诡异而诱发的国际生源风险、旅行安全风险,传染病肆虐而诱发的公共卫生风险、人身伤亡风险,各国国际生政策变化而诱发的签证合规风险等。这些风险之间还可能存在交互影响,从而还会放大各类风险于高校国际生事务管理及高校整体管理的危害性。此外,上述风险中的一些极端风险事件的曝出还可能对社会和谐与国家安全带来危害或隐患。鉴于此,应通过重构高校国际生事务风险管理来对其给予有效应对。而当前需要特别关注以下两方面：

首先，积极促进国际生事务管理的趋同化发展，为应对国际生事务风险创设良好的资源环境，提供必要的组织支持。高校在长期管理实践中所逐步形成的制度与机制在确保高校一定时期的平稳运营方面具有积极作用，但当高校面临外部环境激变及其所诱发的新的问题与挑战时，却不应墨守成规，而应当以积极"重组"高校内部结构来焕发新的组织功能，从而能积极应对外部环境变化压力下，维持高校组织自身的存续与发展。审视当前，随着高等教育国际化进程的不断推进，高校组织接纳更多来自不同文化的国际学生已成为不可逆转的趋势。这也使当前管理面临一系列新的挑战：如何有效推动高校中多国背景间学生的相互了解与接纳，如何有效支持国际生的跨文化适应与多元发展，如何将随着国际生流入高校所获得的国际化资源有效转化为高校国际化的现实成效。为有效应对上述新的管理挑战，必须即时开启高校内部管理结构调整。其中，改革创新高校国际生管理模式，积极促进国际生事务管理的趋同化发展，这是使国际生事务管理能被有机整合到高校学生事务管理的大框架下，使国际生能充分享有高校内部全部学生服务资源，从而为其自身的文化融入、学业发展、安全保障与职业发展提供更充分支持的可行举措。而这就需要在打破国际生管理观念桎梏的基础上，不断探索将高校与国际生管理与服务相关的部门有机联系起来。最关键的是，需要高校领导层展开上层组织架构，即组建一个直接向校长负责的国际生事务委员会（或类似部门），该委员会通过渐次吸纳校内多部门的负责人或管理骨干人员而逐步扩大自己的构成与影响力。委员会定期召开会议，各委员将就如何有机整合学生事务管理资源于国际生事务管理方面展开民主协商。在这一进程中，主管校长负责为管理趋同化改革提供政策与制度层面的保障与支持。随着该委员会的逐步成熟，其功能的逐步焕发，高校国际生事务风险管理也将被赋予强大的组织与资源加持。

其次，广开渠道吸引人才以孕育专业化的国际生事务管理人员队伍。高素质的国际生服务团队是支持国际生多元发展，降低该群体遭遇人身伤害及其他意外风险的重要人力资源基础。然而，当前国内高校于此方面的管理人员队伍建设相对滞后。这体现在：一方面，当前我国高校学生事务管理人员的专业化还在逐步发展中，相关从业人员的专业地位，该类职业的独特价值也还处于逐步得到认可的阶段。在这一大背景下,作为该类从业人员中更为特殊化的国际生事务管理人员,其专业化认可度与专业化发展必然面临更多的困难与未知。另一方面,国际生事务管理在客观上对从业者有着更高的入职门槛,既需要此类管理人员具有较好的本土(本校)工作的知识与经验,以便能成为国际生有效融入新的社会与校园文化的引路人,又需要他们具有较强跨文化理解与交流的能力,以便在服务于来自不同文化背景的国际生时能够有更高的文化容忍度,进而能为对方提供更为友好的支持服务。事实上,同时具备这两方面素质的专业人员非常稀缺(这种稀缺性也要求高校能给予相关专业人员更高的薪资标准)。这意味着高校国际生事务管理人员队伍建设必须突破人才来源的困境。鉴于此,高校应打破常规,以较高薪资为吸引手段、多渠道招募高素质人才。例如,随着疫情后海外归国人员数量的增加,积极吸引具有海外留学背景的学子进入高校国际生事务管理岗位;又如,来华留学生学成毕业者,可以在接受我国相关专业培训后承担国际生事务管理工作;又如,从现有的高校学生事务工作人员中遴选个人素质强,外语较为优秀者,通过派驻海外或其他形式赋予其跨文化学习工作的机会,从而培养出一批能兼备本土工作经验与跨文化理解能力的高素质国际生事务管理专家。所有这些努力将为逐步孕育专业化的国际生事务管理人员队伍,从而在高校层面为国际生事务风险管理机制提供充沛的人力资源保障。

(三)焕发"下位"主体的功能以完善国际生事务风险管理体系

基于当代非传统安全研究的新发展来审视国际生事务风险及其管理,能取得以下两方面的新认识:首先,由于当代非传统问题出现的层次在下移,即投向更为细化的某一分支领域或更为专门化的研究问题,而高校国际生事务风险问题正符合当代非传统安全问题的上述特质。因为,高校国际生群体作为跨文化学习生活者,是一类易遭遇社会环境变化所诱发的多元风险危害的特殊群体。此外,该群体还作为全球范围内尖端科研活动的参与者,作为密切国与国之间友好交往的桥梁与纽带,承载着特殊的文化交流使命。为此需要确保该群体安全,使其尽可能地被屏蔽于各类风险之外,否则将可能诱发高校乃至国家与国际层面的多元风险。其次,在非传统安全视野下,安全问题的治理主体不再局限于主权国等上位主体,相反,特定人群、社区与个体这些更为下位的主体功能将逐步显现。事实上,围绕国际生事务风险的治理主体也体现出这一特点,即不仅包括国家、国际组织、各类专业协会等,国际生身处其中的社区(大学校园及其周边社区)中的各类下级组织与个体也都应为国际生事务风险治理发挥自身功能。而在实践中,上位治理主体已就此方面做出了大量前期努力(当然,就国际生事务风险治理方面,上位主体还会继续做出努力),而下位治理主体的功能还未得以有效焕发,为此,从构建更为完善的国际生事务风险管理体系的目标出发,当前的重点应更多放置在引导大学社区中的师生,大学周边社区的组织与个体的积极参与方面。

从大学社区中的广大师生一方考察,其在服务于国际生方面具有较多优势。大学社区中的广大师生作为丰富社会文化资源的载体,作为联络社会人际网络的中介,他们不仅能为国际生发展提供多方面的支持帮助,同时也在防范国际生事务风险方面具有无可替代的作用。如引导国际生与非国际生(或学生志愿者)密切、友好地交往,从而帮助交往双方共同获得宝贵的国际化发展资源,建立稳定而良好的国际人际联系,上述努力也能降低国际生在社会适应、文化融入中的不适,帮助其获得良好的跨境学习与生活体验,进而降低其遭遇心理危机的可能性。又如,鼓励国际生与教师(或教师志愿者)展开密切交往,实现他们在教学与科研方面的更好融合,这将使国际生获得更为广阔的学业与研究发展前景,亦使教师志愿者获得更为丰富的教学体验,并获得一定的科研助力。此后,随着国际生与大学社区师生间合作的不断深化,国际生群体所承载的国际化资源的价值将得以活化。如国际生与教师的密切交往将有助于后者在未来更好地开展国际化教学与科研,提升其个人在国际范围的学术声誉;而国际生与本土学生的深入交往将有助于后者构建国际化的人际网络,使其在未来参与全球流动性学习,在谋求全球范围内就业时获得宝贵的人际资源助力。而对这一未来可能性的认可将焕发校内师生以更大热情投入国际生支持服务,进而更为主动地参与国际生事务风险管理实践,并由此发展为一类重要的国际生事务风险治理主体。除广大师生外,大学周边社区提供娱乐休闲、住宿餐饮、信息咨询、公共服务的各类组织、经营者或从业者个体,其作为与国际生存在较多交往的主体,对国际生学习、生活等多方面的影响亦不容小觑。鉴于此,应当引导此类主体投身于排查自身与国际生交往过程中的风险点,此举是确保此类主体有效经营获利的重要手段,同时也为规避国际生涉入意外人身与财产损失风险具有特殊意义。而伴随着此类主体风险自查活动的规范化、制度化,此类主体也将逐步演变为国际生事务风险治理主体,将为构建国际生事务风险管理体系提供不可或缺的助力。综上所述,积极焕发下位风险治理主体的治理功能,将是今后不断完善国际生事务风险管理体系的重要着力点。

第六章 结 语

学生事务风险现实存在于高校管理实践之中,其中一些极端性风险事件的曝出不仅损害当事学生的多元利益,危害其生命健康,同时亦会使当事高校面临法律赔偿责任,承受舆论压力。而高校学生工作部门日常所承担的工作之多,压力之甚,更是非该领域工作者难以理解或体会的。然而,出于维持高校良好声誉、保障校园稳定、呈现高校管理的良好业绩等多方面的考量,高校学生事务管理人员尽管要直面工作中的压力与挑战,但同时又回避将此类问题的严峻性向外界完全公布。这种做法,在短期内看来,是考虑高校管理工作的特殊性而做出的适宜选择,且其中还积淀着学工人员的审慎与奉献,但是,从一个较长时期内考察,这种向校内外多元利益相关者隐蔽此类风险问题严峻性的做法,不仅可能使学工人员陷入日趋增大的工作压力而身心疲惫,以致消解他们的职业热情与创新力,同时也在引导多元主体参与风险管理的进程中人为制造障碍。然而,缺乏对风险危害性不断增大这一现实的充分把握,会消解多元主体参与风险治理的合理性与合法性基础。故此,关注高校学生事务风险问题,探索如何全面、深入揭示当代高校学生事务风险的特质,其对各类主体利益,对社会发展、国家安定可能造成的不利影响,将是突破该领域认识局限与实践困境,进而不断谋求创新、发展的关键。随着非传统安全理论拓展到更广泛的学科研究领域,进入更多研究者的视野,其在不断的发展中所逐步凝聚的成果,将为深入认识当代社会发展中已出现和潜在的不同类型安全问题的危害性及其治理提供了及时的理论观照。借助于非传统安全理论视野,高校学生事务风险事件这一类原本可能混沌、无序,隐匿其危害性于多数人认知的不良事件将被清晰地识别,其特性与危害性也将被研究者、高校组织、社会、国家和外部公众所聚焦。这一转变无疑会为整合多元主体功能于治理学生事务风险搭建重要的社会观念基础。而在非传统安全观视野下建立起全景式风险与危机清单，在事发前科学预测、防控与事发后合理补偿、自组织优化的治理思路下探索构建容纳政府、高校和社会组织多元力量的全面统合的风险与危机管理体系，将是使高校学生群体远离各类风险危害，使高校维持自身平稳、健康发展，使社会不断和谐进步，使国家得以安定、发展的基本路径。当然，在这一努力进程中，高校作为担负教书育人等多元组织使命的主体，应当成为学生生命福祉的最重要的守护者，而高校学生事务管理部门作为直接的责任人，依然要为防范、规避学生事务风险，履行种种纷繁庞杂的工作职责。由此，就高校层面的优化发展而言，今后还应重视做好以下几方面工作：

（1）高校管理方应重视做好对学生事务风险的测评工作。对学生事务领域展开风险测评，是科学把握该领域风险状况，以便能有的放矢地开展风险管理的前提条件。考虑到社会外部环境的变化不定，高校学生事务风险状况也会随着时间的推移不断发生变化，故对学生事务风险的测评也应当定期开展，并逐步发展为一种完善的制度。此外，开展风险测评需要借助一定的测评工具，关于此方面，国外专业协会与高校虽然开发了一些诸如测评表、测评问卷等工具，但考虑到我国的特殊国情，我国高校独有的组织文化，当前还应在借鉴国外相关成果的合理元素的基础上，由我国风险评估方面的专家、高校管理人员等合作开发符合我国高校特质的科学、规范的风险测评程序与测评工具。这是确保今后高校学生事务风险测评工作有效开展的技术保障。事实上，考虑到我国高校内部资源配置中可能存在的一些倾向，诚如之前专家访谈中所反映出的，高校通常会在人才引进、科研创新等更容易在短期内产出成果或业绩的领域追加投资，而学生事务风险管理作为基础性工作领域则易淡出领导层的视野。在这种情况下，积极做好学生事务风险的测评工作，将风险测评所获得的直观数据呈现给高校管理层与高校利益相关者，将有助于他们切实认识到学生事务领域所面临的风险挑战，切身体会该领域工作人员所承担的繁重工作压力。这可能引导他们转变观念，重视通过向学生事务领域给予一定的政策与资源倾斜来帮助调整改善该领域的不利现状，从而为学生事务风险管理的优化创新提供更为有利的条件。故此，重视做好风险测评工作，有利于不断提升学生事务风险管理的科学性与规范性，同时也是助力该领域获取较为充沛的高校资源配给的重要手段。

（2）高校方与学生事务管理部门应致力于推进学生事务风险信息的传播。在以前,学生事务管理多被视为偏后勤管理的基础性高校管理领域,学生事务管理工作的承担者仅对标各级学工领导与学工管理人员。然而,随着当代高校教学、科研、社会服务、文化创新等多元组织使命的不断焕发,高校与外部社会的联系逐步密切,高校活动所涉及的社会领域也在不断拓展,这导致学生事务管理开始与校内多部门管理工作产生交叉,其管理领域内部也衍生出日益庞杂的工作内容,由此而可能遭遇的学生事务风险（与风险隐患）的数量、类型也将不断增多。这种情况下,仅依靠学工部门以一己之力承担学生事务风险管理工作显然力有不逮。此外,一些学生事务风险（与风险隐患）的出现往往并不能为学工人员第一时间所触及或获知。如学生陷入心理危机事件,遭遇网络诈骗,面临学业困窘和就业挫折等,往往是与当事人共同生活交往的师生能更为敏锐、直接地识别。为此,建立通畅的学生事务风险信息传播通道,是使更为广泛的校内人群及时、高效共享风险信息,进而能采取有效措施规避风险危害的重要条件。鉴于此,作为高校管理方与学生事务管理部门,应通过多种形式逐步孕育形成风险信息传播通道。例如,通过开展讲座与培训来发展教职员工良好的风险观念意识,提升其对风险事件与风险隐患的识别能力,丰富其风险管理知识等。此类讲座可通过正式与非正式、定期与随机、线上与线下等多种形式展开,力求丰富生动,用户友好,以引导广大师生员工充分认识当前学生事务风险的危害性,使他们在力所能及的情况下,自主、自觉地参与到学生事务风险防控工作中。此外,借助电话、QQ 群、微信群及开发专门性的风险管理 App 来支持高校各类管理人员和广大师生,甚至是学生家长等多类风险管理主体及时获取信息、上传信息,进而凝聚出针对学生事务风险管理的集体行动。当然,这样一个信息传播渠道的产生也将为教职员工分享个人观点与个性化的风险管理经验搭建平台。

（3）高校方与学生事务管理部门应持续创新与外部主体的信息共享合作,以不断提升高校学生事务风险管理成效。随着当代高校学生事务风险非传统安全问题特性的逐步暴露,此类风险问题所危害到的利益主体已不再局限于当事学生（及其家庭）、当事高校,而是可能涉及外部公众、社会组织乃至国家、国际社会。这种情况下,对此类风险问题的有效治理也应本着多元主体共同治理的原则而展开。在这一认识下,仅依靠高校组织的内部管理力量必然无法实现对此类风险事件的有效治理,鉴于此,逐步焕发多元主体的治理行动,孕育高校学生事务风险社会主体参与治理机制,将是谋求对此类风险问题给予有效治理的基本立场。然而,之前的问卷调查结果显示:当前我国高校风险管理中,外部社会主体参与的程度还较低,仅有24.85%的高校有相关实践。这提示我们,在引导多元主体参与高校学生事务管理方面,高校方还应投入更多的努力与创新智慧。特别是,高校管理方应转变观念,突破对学生事务风险信息应给予保密的固有理解,在不违背法律法规与社会公序良俗的前提下,积极谋求学生事务风险信息在高校利益主体(进而在全社会)范围内的公开,从而为谋求风险治理主体间的相互信任、协同合作搭建共有知情权基础。随着这一基础的不断巩固,高校与外部社会主体的合作将得以不断创新发展,如与保险机构的信息共享将开发出对高校更为适销对路的保险服务产品,从而提高高校应对风险的能力,并为保险机构开拓更广泛的市场。与专业协会的合作,能实现对本领域严峻风险问题的聚焦与专门化研究,从而帮助高校破解棘手问题,同时促进专业协会相关研究的深化发展。此外,与爱心团体的信息共享合作有助于高校获得更专业化的公益服务支持,从而为高校关爱和帮助那些因遭遇风险事件而陷入种种不利的学生提供更为贴心的帮助。与公众媒体机构的信息合作,将有助于高校获得更为积极的舆论评价,从而摆脱高校在暴发学生事务风险事件后可能陷入的被动局面,更好维护高校的声誉。总之,积极创新与外部主体的信息共享合作,将有助于不断提升高校学生事务风险管理的专业化与精细化程度,进而提升管理成效。

　　考虑到教育行政管理部门与各级政府主体在学生事务风险管理中所具有的特殊影响,这两类主体也需要在不断推进学生事务风险管理成效方面发挥自身的主体性功能。而这意味着教育行政管理部门应当调整优化自身的工作方式与工作内容。具体而言,其应逐步完善针对高校学生事务风险管理的绩效考核标准,不断科学化、合理化绩效考核方式。相关调查结果显示:当前高校学生事务风险的类型多,各类风险的评值(危害性与可能性之积)多在中等程度。相关访谈结果表明:学工人员普遍承受较大的工作压力,很多工作人员处于超负荷的工作状态中。这种情况不利于管理队伍的稳定、优化,更可能危害到学生事务风险管理工作的长期有效开展。为此,教育行政管理部门在对高校学生事务风险管理绩效考核方面除关注管理结果评价外(是否有效避免严重风险事件),还应对高校风险管理人员的专业发展、薪金待遇、生活待遇、工作环境等给予考核,对高校风险管理的程序、制度、规范和高校风险管理的多部门参与程度,风险信息系统的建设等方面建立起一套科学、规范的评价标准,从而借助评价手段推进高校学生事务风险管理工作的持续健康发展。

而就各级政府主体而言,为推进学生事务风险管理工作成效的不断提升,其应充分释放自身在资源调配、立法规制、社会保障、对接国际等方面的多重功效。高校学生事务风险的产生受到高校内外多源性因素的影响,积极改善外部环境条件,降低或消除外源性因素的不利影响,是降低此类风险发生率与危害性的重要方面。在此方面,政府主体的功能发挥至关重要。以应对高校毕业生就业风险为例,中央与地方各级政府已经在推进就业信息传播、扩大国内就业岗位方面做出了重要努力。但随着高校毕业生数量的逐年递增、疫情所带来的负面影响、国内就业市场岗位需求量的收缩与市场待就业高校毕业生群体规模扩大间的矛盾还将进一步加剧。为避免就业风险所可能进一步引发的毕业生人的安全风险的加剧(高校毕业生陷于心理危机、生活困窘等),政府主体应致力于不断完善针对待就业大学生群体的社会保障制度;为解决短期内高等教育劳动力市场中的供需矛盾,开启全球就业战略筹谋,即通过多种渠道积极打通海外就业市场;此外,考虑到高等教育劳动力市场供大于求,使大学生群体求职面临种种不利,政府主体还应不断细化相关政策法规,以有效遏制就业歧视,维护高校毕业生的就业公平。

上述所有观点是笔者及课题组其他成员在学生事务风险管理方面持续几年研究的成果。其中,虽然因疫情暴发冲击高校管理而使该研究受到影响甚至一度停摆,但不可否认的是,疫情的暴发也从另一方面强化了本课题的研究价值,因为在一定程度上,疫情的暴发为更全面深入认识学生事务风险危害性提供了一个时空样本,从而使本研究具有合法性,并获得广大学生事务工作者和更广泛高校利益相关者群体的认同。而随着本研究的最终完成,并达成相关研究目标,本研究选题的合理性与价值也获得了强有力的辩护。特别是,几年来在课题组多位成员的共同努力下,本研究不断推进并取得了一些研究结论,尽管其中的不少观点还有待进一步地发展与丰富,笔者在此依然不揣冒昧地表达出来,只期待能抛砖引玉,使更多的研究者能关注高校学生事务风险问题的治理,使他们能在斧正我们不成熟观点的基础上,为今后不断推进我国相关领域研究与实践发展贡献更具价值的成果。

参 考 文 献

[1]漆小萍,唐燕,等.高校学生事务管理[M].广州:中山大学出版社,2005.

[2]漆小萍.中国高校学生事务管理[M].广州:中山大学出版社,2011.

[3]厄普克拉夫特,舒.学生事务评估:实践指导[M].程春松,译.北京:高等教育出版社,2019.

[4]杨锐.新时代高校学生事务管理理论与实践[M].长春:吉林人民出版社,2021.

[5]钟秉林.高校学生事务管理工作要研究新问题、应对新挑战[J].中国高等教育,2013(23):17-19.

[6]FELTON J W, HAVEWALA M, MYERBERG L, et al. Rumination and co-rumination and their associations with alcohol-related problems and depressive symptoms among college students[J]. Rat-emo cognitive-behav ther,2022,40:388-405.

[7]储祖旺,蒋洪池.高校学生事务管理概念的演变与本土化[J].高等教育研究,2009,30(2):86-90.

[8]郭洁,郭宁.高校学生人身伤害风险管理:反思与重构[J].教育科学,2020,36(3):58-63.

[9]胡文文,全明辉,苟波,等.大学生体质健康水平与运动伤害发生风险的关系[J].中国学校卫生,2021,42(10):1495-1498,1503.

[10]陆文龙.浅谈高职院校学生就业实习期间的人身伤害事故风险[J].知识经济,2015(1):34-35.

[11]马建生,滕军,张磊.当前我国高校学生事务管理问题的成因调查[J].高等教育研究.2009,30(5):78-84.

[12] 秦玮. 高校学生人身伤害风险类型分析及建议[J]. 新西部(理论版),2015(3):99,106.

[13] 秦艺文,杨晓帆,魏艳欣,等. 大学生生命意义感在心理扭力和自杀行为风险间的中介作用[J]. 山东大学学报(医学版),2021,59(11):76-83.

[14] 全承相,吴彩虹,李志春. 论析高校学生自杀责任风险的控制[J]. 高等教育研究,2015,36(2):67-72.

[15] 沈月娣. 高校学生人身损害事故的法律责任[J]. 高等教育研究,2006(8):80-84.

[16] 王中杰,刘翠静,彭英,等. 儿童期情感虐待对大学生自杀风险的影响:一个有调节的中介模型[J]. 现代预防医学,2022,49(1):62-67.

[17] 吴彩虹,全承相. 大学生自杀风险评估及其防治[J]. 湖南师范大学教育科学学报,2013,12(1):104-108.

[18] 谢庆芝,邱祖建. 大学生运动猝死调查与风险预警研究[J]. 武汉体育学院学报,2013,47(2):93-97.

[19] 李景义. 高校学生伤害事故民事责任及处理机制研究[J]. 黑龙江高教研究,2014(7):41-45.

[20] 闫振龙,何昌珂,苏洋. 大学生运动伤害与风险防控研究[J]. 西安交通大学学报(社会科学版),2019,39(4):126-130.

[21] 杨雪龙,童辉杰. 大学生自杀风险评估及相关社会心理因素研究[J]. 中国临床心理学杂志,2010,18(6):695-697,694.

[22] 杨雁,王新鑫,袁兵,等. 四川某高校大学生生理健康风险分析[J]. 中国学校卫生,2014,35(12):1826-1828,1832.

[23] 杨振斌,李焰. 大学生自杀风险因素的个案研究[J]. 思想教育研究,2013(8):96-98,109.

[24] 杨子龙,高周全. 论学生伤害事故的民事责任[J]. 江西社会科学,2002(11):166-168.

[25] 岳乾. 学生人身伤害中高校安全责任的法律风险防范[J]. 教育教学论坛,2016(33):16-17.

[26] 朱卓妍,张一,甘虹,等. 大学生抑郁焦虑症状与新冠肺炎风险感知关联研究[J]. 中国健康教育,2022,38(2):145-149.

[27]左海燕.大学生体育舞蹈表演中运动风险预防策略:以"一般型"体质大学生为例[J].大舞台,2012(6):184-185.

[28]陈平.大学生体育活动安全问题与风险防范研究[D].福州:福建师范大学,2010.

[29]吕勇.不同情绪状态下情绪调节策略对阈下抑郁大学生风险决策的影响[D].开封:河南大学,2020.

[30]楚江亭,姜男.风险社会视野中大学生自杀意念问题研究[J].首都师范大学学报(社会科学版),2015(1):147-156.

[31]安连超,马子媛,肖鹏.重大突发公共卫生事件下心理弹性和风险感知对大学生焦虑情绪的影响[J].黑龙江高教研究,2022,40(7):138-143.

[32]何瑾,陈树林,刘丽婷,等.杭州市大学生抑郁障碍发生风险因素及其作用机制[J].中国学校卫生,2014,35(7):1008-1010.

[33]马健生,滕珺.美国高校学生事务管理的历史流变[J].比较教育研究,2006(10):63-69.

[34]储旺祖.高校学生事务管理教程[M].北京:科学出版社,2008.

[35]储祖旺,李祖超.高校学生事务管理模式创新[M].武汉:中国地质大学出版社,2015.

[36]储祖旺,蒋洪池,李祖超.高校学生事务管理质量与评估[M].武汉:中国地质大学出版社,2017.

[37]斯特奇,哈伯德.理论联系实际:高校学生事务工作案例研究[M].3版.游敏惠,等译.成都:四川大学出版社,2021.

[38]孙小龙,沈红艳,江玲玲.国际视野下高校学生事务管理发展研究[M].北京:中国书籍出版社,2019.

[39]姚军,聂邦军.学习与发展美国高校学生事务管理理念与实务[M].苏州:苏州大学出版社,2017.

[40]赵平.美国高校学生工作[M].北京:北京航天航空大学出版社,1996.

[41]OWENS H F. Risk management and the student affairs professional[M].Washington, D. C.:Association of Student Affairs Professionals in Higher

Education, 1984.

[42] 杨巍. 高校学生管理工作中的危机管理[J]. 经济研究导刊, 2009(31): 250-251.

[43] 沈倩倩. 高职院校学生管理事务面临的法律风险及其防范[J]. 滁州职业技术学院学报, 2019, 18(4): 16-18.

[44] 余潇枫. 非传统安全概论(第三版·上卷)[M]. 北京: 北京大学出版社, 2020.

[45] 余潇枫, 张曦. 非传统安全与现实中国: 非传统安全与公共危机治理[M]. 杭州: 浙江大学出版社, 2007.

[46] 余潇枫, 罗中枢. 非传统安全蓝皮书: 中国非传统安全研究报告(2016~2017)[M]. 北京: 社会科学文献出版社, 2017.

[47] 余潇枫, 罗中枢, 魏志江, 等. 非传统安全蓝皮书: 中国非传统安全研究报告(2017~2018)[M]. 北京: 社会科学文献出版社, 2018.

[48] 问鸿滨. 普通高校非传统安全现象分析[J]. 教育教学论坛, 2011(32): 26-27.

[49] 阎静. 国际关系批判理论和政治共同体的转型: 一种林克莱特三重视角的诠释[J]. 世界经济与政治论坛, 2009(5): 113-118.

[50] 俞晓秋. 正在形成的"新安全观"[J]. 世界知识, 1997(24): 4-5.

[51] 阿查亚. 人的安全: 概念及应用[M]. 李佳, 译. 杭州: 浙江大学出版社, 2010.

[52] 布赞, 汉森. 国际安全研究的演化[M]. 余潇枫, 译. 杭州: 浙江大学出版社, 2011.

[53] 布赞. 人、国家与恐惧: 后冷战时代的国际安全研究议程[M]. 闫健, 李剑, 等, 译. 北京: 中央编译出版社, 2009.

[54] 陆忠伟. 非传统安全论[M]. 北京: 时事出版社, 2003.

[55] 傅勇. 非传统安全与中国[M]. 上海: 上海人民出版社, 2007.

[56] 李开盛. 人、国家与安全治理: 国际关系中的非传统安全理论[M]. 北京: 中国社会科学出版社, 2012.

[57] 田艺琼. 非传统安全视域下的"当代瓦哈比派"研究[M]. 上海: 上海社会科学院出版社, 2019.

[58]卓志. 风险管理理论研究[M]. 北京:中国金融出版社,2006.

[59]CABALLERO – ANTHONY M. An introduction to non – traditional security studies[M]. Thousand Oaks: SAGE, 2016.

[60]The new Oxford illustrated English-Chinese dictionary encyclopedia [M]. London: Oxford University Press,1985.

[61]徐天骥. 高职学生顶岗实习人身伤害风险及保险策略[J]. 法制与经济,2015(20):190 – 191.

[62]JANOSIK S M, ANDERSON D S. An assessment of alcohol risk management practices on the college campus[J]. NASPA journal,1989,26(3):193 – 201.

[63]VICARY J R, KARSHIN C M. College alcohol abuse: a review of the problems, issues, and prevention approaches[J]. The Journal of primary prevention, 2002, 22(3): 299 – 331.

[64]BILLINGS T., BERG-CROSS L. Sleep competing activities and sleep [J]. Racial and ethnic health disparities,2014, 1:300 – 308.

[65]HICKS R A, KILCOURSE J. Habitual sleep duration and the incidence of headaches in college students[J]. Bulletin of the psychosomatic society, 1983, 21:119.

[66]CULVER K C, ELISE S, RONALD E H, et al. Identity-conscious strategies to engage at-promise students in a learning community: shared courses in a comprehensive college transition program [J]. Teachers college record, 2021, 123(8): 146 – 175.

[67]DOBSON D J G, DOBSON K S. Problem-solving strategies in depressed and non-depressed college students[J]. Cogn ther res,1981, 5:237 – 249.

[68]BEITER R, NASH R, MCCRADY M, et al. The prevalence and correlates of depression, anxiety, and stress in a sample of college students[J]. Journal of affective disorders, 2015, 173(1): 90 – 96.

[69]ELISE S, CULEV K C, DARNELL C, et al. Promoting at-promise student success in 4 year universities: recommendations from the Thompson

Scholars learning communities[J]. Journal of diversity in higher education, 2021,14(4):457-462.

[70]FARRELL E F. Colleges' risk managers face a rising tide of litigation [J]. The chronicle of higher education. [J/OL]/ (2001-11-16) [2022-12-12]. https://www.chronicle.com/article/colleges-risk-managers-face-a-rising-tide-of-litigation/.

[71]GHROUZ A K, NOOHU M M, DILSHAD M M,et al. Physical activity and sleep quality in relation to mental health among college students[J]. Sleep breath,2019,23:627-634.

[72]HAMMOND E H H, CHARLES F. Risk management in student personnel administration [J]. Southern college personnel association journal,1997,2(1):39-47.

[73]HOLLANDER P A. They're suing us? liability and risk management [J]. New directions for institutional advancement,1982, 16:9-12.

[74]HORTON J. Identifying at-risk factors that affect college student success[J]. International journal of process education,2015,7(1):83-102.

[75]KITCHEN J A, KEZAR A, HYPOLITE L I. At-promise college student major and career self-efficacy ecology model[J]. Journal of diversity in higher education,2021,16(3):369-383.

[76]LASKEY M L,HETZEL C J. Investigating factors related to retention of at-risk college students[J]. Learning assistance review,2011,16(1):31-43.

[77]MCWILLIAN E, SINGH P, TAYLOR P G. Doctoral education: danger and risk management [J]. Higher education research & development,2002,21(2):119-129.

[78]ORR E W G, WILLIAM K. Risk management: a growing concern in university chemistry laboratories[J]. Journal of chemical education, 1985, 62(1): A7.

[79] PARRY A E. Risk management: disposal of hazardous waste[J]. American school and university,1983,55(11):70.

[80]PEDRELLI P, NYER M, YEUNG A, et al. College students: mental health problems and treatment considerations[J]. Academic Psychiatry, 2015,39(5):503-511.

[81]SA J, CHOE S, CHO B,et al. Relationship between sleep and obesity among U.S. and South Korean college students[J]. BMC public health, 2020, 20(1):96-101.

[82]陈彩虹.大学生健身运动风险分析[J].中国学校卫生,2013,34(2):190-192.

[83]杨雪龙.大学生自杀风险因素评估研究[D].苏州:苏州大学,2005.

[84]傅建霞.大学生体质健康风险管理[M].哈尔滨:哈尔滨地图出版社,2009.

[85]陈源波.新形势下大学生创业法律风险分析与法律风险防范体系建设[J].教育与职业,2018(10):76-80.

[86]邓超越,孙晓光.大学生创业的法律风险及教育实施策略[J].中国高校科技,2018(3):39-40.

[87]孔德民.大学生顶岗实习期间法律风险及对策研究[J].浙江纺织服装职业技术学院学报,2016,15(2):64-67.

[88]孔非.高职院校学生事务管理的法律风险[J].法制博览,2015(31):229.

[89]李进付.大学生创业的法律风险防控及法治保障[J].思想理论教育,2017(6):93-97.

[90]廖芳.大学生创新创业法律风险防范意识培养机制[J].社会科学家,2021(2):131-135.

[91]钱芳.众筹语境下大学生创业融资法律风险及对策[J].当代青年研究,2017(6):99-104,122.

[92]谢仁海.风险理论视角下的大学生创业法律保障机制研究[J].高校教育管理,2017,11(6):53-59.

[93]余军.大学生就业法律风险管理探析[J].教育与职业,2008(26):155-157.

[94] 李芙蓉. 大学生创业法律风险防范研究[D]. 长春:吉林财经大学,2021.

[95] 高志宏. 大学生法律风险防范[M]. 北京:高等教育出版社,2021.

[96] 陈从军,杨瑾,姚健,等. 大学生创业风险认知影响因素分析[J]. 高等工程教育研究,2018(1):176-181.

[97] 李炜. 工科大学生创业风险现状分析及对策研究[J]. 中国成人教育,2017(22):65-68.

[98] 刘国君,陈林. 职业风险视角下的大学生就业选择分析:以医学生对"医闹"的认知为例[J]. 中国劳动关系学院学报,2016,30(5):91-95.

[99] 刘士伟,李丹. 基于大数据分析的大学生创业风险评估算法设计[J]. 现代电子技术,2018,41(19):125-128,132.

[100] 陆绍凯. 风险可评估性对风险感知的影响:基于在校大学生就业风险的实证研究[J]. 管理评论,2011,23(12):124-132,138.

[101] 苏海泉. 大学生创业的失业风险规避研究[J]. 高校教育管理,2013,7(5):116-120.

[102] 谭福成. 大学生创业成功影响要素及有效规避风险的路径[J]. 继续教育研究,2016(5):29-31.

[103] 王锋. 大学生创业风险与防范策略探析[J]. 吉首大学学报(社会科学版),2011,32(6):141-144.

[104] 陈益琳. 大学生创业风险决策能力的探索性研究:专长发展视角[D]. 上海:华东师范大学,2010.

[105] 徐晓明. 江西省大学生创业能力现状调查研究[D]. 长沙:湖南师范大学,2013.

[106] 刘晋波. 大学生创业导引与风险规避[M]. 上海:立信会计出版社,2013.

[107] 肖仕卫. 大学生创业法律风险防范[M]. 西安:电子科技大学出版社,2019.

[108] 卢红梅,李传刚. 我国大学生失业问题的归因分析[J]. 中南民族大学学报(人文社会科学版),2005(12):68-69.

[109] 李红冠. 高校辅导员大学生就业指导角色研究[J]. 黑龙江高教研

究,2016(9):117-120.

[110]石红梅,丁煜.人力资本、社会资本与高校毕业生就业质量[J].人口与经济,2017(5):91-97.

[111]徐鸿宇,孙干."五化协同"高校困难生就业帮扶长效机制探析[J].教育与职业,2020(2):103-108.

[112]张希玲.大数据时代高职院校精准就业服务的基本要求与发展策略[J].教育与职业,2020(8):58-63.

[113]郑洁.家庭社会经济地位与大学生就业:一个社会资本的视角[J].北京师范大学学报(社会科学版),2004(3):111-118.

[114]王克岭,魏明,吴东.大学生网络借贷意愿影响因素研究:基于感知价值与感知风险的视角[J].企业经济,2018(1):142-149.

[115]张成洪,肖帅勇,陆天,等.基于校园消费数据分析大学生网络借贷行为:借款倾向、消费变化与违约风险[J].系统工程理论与实践,2021,41(3):574-586.

[116]朱迪.当代大学生的信贷消费与"校园贷"风险[J].青年研究,2019(6):49-59,92.

[117]迟春娟.大学生信用卡的风险管理研究[D].上海:华东师范大学,2007.

[118]戴丽群.大学生网络借贷平台潜在用户感知风险研究[D].北京:北京外国语大学,2016.

[119]段军鹏.校园网贷风险及防控策略研究:以兰州理工大学技术工程学院为例[D].兰州:西北师范大学,2019.

[120]吴斯茜.校园贷背景下大学生消费观教育研究[D].武汉:中南民族大学,2018.

[121]武琦.我国大学生信用卡风险研究[D].西安:陕西师范大学,2010.

[122]于永勃.大学生信用卡风险管理研究[D].郑州:郑州大学,2010.

[123]庄玮.社会资本与农村籍大学生就业风险研究[D].长沙:湖南大学,2009.

[124]刘德海,屈丰安,常成德.非传统安全视角下我国高校突发事件应

急管理研究[J].电子科技大学学报(社科版),2012,14(1):53-61.

[125]缪克银.培养大学生风险意识刍议[J].江苏高教,2012(4):108-109.

[126]王勇.论相互依存对我国国家安全的影响[J].世界经济与政治,1994(6):62-67.

[127]徐向群,龚姚.当前部分高校大学生群体对我国非传统安全问题的认识及教育对策[J].法制与经济(上旬),2012(6):63-64,73.

[128]张亚明,苏研嫄,刘海鸥.非传统安全事件网络群体集聚舆情传播与治理研究[M].北京:经济科学出版社,2021.

[129]李开盛,薛力.非传统安全理论:概念、流派与特征[J].国际政治研究,2012,33(2):93-107,9.

[130]汉森.非传统安全研究的概念和方法:话语分析的启示[J].世界经济与政治,2010(3):89-109,158-159.

[131]宋胜男.高校安全形势的非传统安全问题分析及应急管理措施[J].消费导刊,2010(6):94-95.

[132]李晓敏.非传统威胁下中国公民海外安全分析[M].北京:人民出版社,2011.

[133]李智环.非传统安全视角下的跨境民族研究:以傈僳族为例[M].北京:民族出版社,2016.

[134]廖丹子.非传统安全视角下的民防研究[M].北京:中国社会科学出版社,2017.

[135]柳思思.非传统安全视域下都市"智慧反恐"体系构建研究:欧洲经验的启发[M].北京:时事出版社,2021.

[136]梅萨罗维克,佩斯特尔.人类处于转折点[M].北京:生活·读书·新知三联书店,1987.

[137]秦冠英.非传统安全视域下的恐怖主义犯罪研究[M].北京:法律出版社,2018.

[138]上海社会科学院世界经济与政治研究院.国家安全与非传统安全[M].北京:时事出版社,2008.

[139]王竞超.东亚非传统安全多边合作机制研究[M].武汉:武汉大学

出版社,2016.

[140]王君祥.非传统安全犯罪治理问题研究[M].北京:中国法制出版社,2017.

[141]王逸舟.全球化时代的国际安全[M].上海:上海人民出版社,1999.

[142]魏志江,谢贵平,廖丹子,等.非传统安全蓝皮书:中国非传统安全研究报告(2020~2021)[M].北京:社会科学文献出版社,2021.

[143]DONNA L M. Understanding the motivation problems of at-risk college students[J]. Journal of reading, 1990, 33(8):590-601.

[144]DWORKEN B S. 10 Commandments of risk management[J]. Camping magazine,1999,71:18-22.

[145]RICHARD H U. Redefining security[J]. International security,1983,8(1):129-153.

[146]KAPLIN W A, LEE B A. The law of higher education[M]. 4th ed. San Francisco: Jossey-Bass,2007.

[147]WRIGHT P R. International handbook of research on teachers and teaching[M]. London: Springer, 2009.

[148]NORTH D C. Institutional change and economics performance[M]. London: Cambridge University Press, 1990.

[149]黄道林.正确处理留学生管理工作中的若干问题[J].中国高教研究,1994(6):51-56.

[150]李发武.高校辅导员队伍的特性及发展[J].高教探索,2015(3):126-128.

[151]李欣,张国锦.美国高校"以学生为中心"的国际学生事务工作特色及对我国高校国际化的启示:以麻省大学波士顿分校为例[J].教育现代化,2018,5(18):144-145,149.

[152]郄海霞,李莹.世界一流大学的使命特征研究:基于20所世界一流大学使命文本的分析[J].中国高校科技,2020(10):4-8.

[153]郭洁.美国多校园大学的风险管理[M].北京:教育科学出版社,2010.

[154]胡敏.高校辅导员学生事务风险管理研究[M].广州:广东高等教育出版社,2017.

[155]房欲飞.新时期我国推进"在地国际化"的战略意义、挑战及对策探析[J].复旦教育论坛,2022,20(2):85.

附　　录

附录1：当代中国高校学生事务风险及其管理调查报告

（相关要件节选）

（一）调研所获数据的信度与效度检验

1. 问卷 Cronbach 信度 0.907

通过对问卷单选题的 Cronbach 信度分析发现，总体信度系数值为 0.907，大于 0.7，说明研究数据信度质量良好，可用于进一步分析。

表 1.1　Cronbach 信度分析－简化格式

项数	样本量	Cronbach α 系数
30	662	0.859

表 1.2　问卷 Cronbach 信度检验（各项明细）

名称	校正项总计相关性（CITC）	项已删除的 α 系数	Cronbach α 系数
1. 毕业生就业风险：高校毕业生因种种原因遭遇就业挫折，如疫情后整体就业环境严峻，毕业生个性、能力等方面存在一定不足，毕业生就业期望值偏高等	−0.291	0.861	0.859
（A）风险发生的可能性	0.147	0.860	
（B）风险对高校学生（及其他）工作的影响	0.156	0.860	

续表

名称	校正项总计相关性（CITC）	项已删除的α系数	Cronbach α系数
2. 在校生学术违规风险：学生在提交本人学位论文及其他学术作品的过程中涉及学术不端。导致此类现象的原因可能有：学生学术规范知识缺乏，学术诚信意识不强，对学生的教育管理不完善等	-0.538	0.863	0.859
（A）风险发生的可能性	0.448	0.853	
（B）风险对高校学生（及其他）工作的影响	0.448	0.853	
3. 在校生学业风险：在校生因某些原因不能有效完成学业，如不适应教学转为线上方式，面临就业前景不佳而缺失学习动力，个人心理与情绪问题而出现厌学等	-0.581	0.864	
（A）风险发生的可能性	0.488	0.852	
（B）风险对高校学生（及其他）工作的影响	0.476	0.852	
4. 在校生人身伤害风险：学生因某些原因而遭遇人身伤亡事件，如陷入心理危机，或遭遇意外事故等	-0.683	0.865	
（A）风险发生的可能性	0.602	0.848	
（B）风险对高校学生（及其他）工作的影响	0.608	0.848	
5. 在校生遭遇网络诈骗风险：在校生陷入网络套路贷、网络传销、网络诈骗等事件	-0.650	0.864	
（A）风险发生的可能性	0.570	0.849	
（B）风险对高校学生（及其他）工作的影响	0.552	0.850	
6. 学生事务资金风险：实现学生工作有效开展面临一定资金缺口，如保障学生疫情下的正常学习、生活，推进学生就业、创业等方面工作需更充沛的资金投入	-0.633	0.864	
（A）风险发生的可能性	0.561	0.849	
（B）风险对高校学生（及其他）工作的影响	0.551	0.850	

续表

名称	校正项总计相关性（CITC）	项已删除的α系数	Cronbach α 系数
7. 师生关系风险：高校中承担在校生教学、管理的教师、辅导员或其他学工管理人员，其与学生的工作交往中出现关系不睦而引发消极事件或不良后果，如在校生陷入心理危机甚至出现人身伤亡事件，当事教学、管理人员面临被追责，高校因此类事件曝出而声誉受损等	-0.667	0.865	
（A）风险发生的可能性	0.599	0.848	
（B）风险对高校学生（及其他）工作的影响	0.594	0.848	
8. 在校生创业风险：在校生创业过程中陷入融资、知识产权等方面的法律纠纷	-0.675	0.865	0.859
（A）风险发生的可能性	0.621	0.847	
（B）风险对高校学生（及其他）工作的影响	0.621	0.847	
9. 校园稳定风险：学生因自身利益受损（或可能受损）而出现负面情绪，在校园中传播不当言论	-0.684	0.865	
（A）风险发生的可能性	0.623	0.847	
（B）风险对高校学生（及其他）工作的影响	0.631	0.847	
10. 舆情安全风险：涉及在校生及高校学生工作的负面信息、虚假信息经发酵而引发校内外的舆情危机	-0.681	0.865	
（A）风险发生的可能性	0.621	0.847	
（B）风险对高校学生（及其他）工作的影响	0.620	0.847	
标准化 Cronbach α 系数：0.202			

2. 问卷 KMO 效度高达 0.866

通过对问卷单选题的 KMO 效度分析发现，总体效度系数值高达 0.866，大于 0.8，因而说明研究数据效度质量高，可用于进一步分析。

表1.3 效度分析 KMO 和 Bartlett 的检验

KMO 值		0.866
Bartlett 球形度检验	近似卡方	41685.982
	df	435
	p 值	0.000

名称	因子载荷系数										同度（公因子方差）
	因子1	因子2	因子3	因子4	因子5	因子6	因子7	因子8	因子9	因子10	
1	−0.078	−0.032	−0.124	−0.047	−0.034	−0.052	−0.029	−0.088	−0.023	−0.931	0.905
	0.033	0.024	0.068	0.004	0.007	0.043	−0.023	−0.002	−0.025	0.956	0.923
	0.043	0.028	0.051	−0.008	−0.027	0.059	−0.004	0.018	−0.025	0.959	0.930
2	−0.088	−0.087	−0.942	−0.113	−0.100	−0.062	−0.108	−0.128	−0.097	−0.072	0.972
	0.070	0.100	0.953	0.077	0.071	0.070	0.084	0.101	0.089	0.091	0.973
	0.082	0.094	0.952	0.083	0.073	0.058	0.081	0.110	0.074	0.107	0.972
3	−0.100	−0.925	−0.114	−0.088	−0.127	−0.120	−0.118	−0.160	−0.097	−0.021	0.965
	0.082	0.950	0.088	0.064	0.085	0.126	0.077	0.133	0.093	0.035	0.979
	0.086	0.953	0.086	0.047	0.081	0.125	0.085	0.136	0.066	0.038	0.979
4	−0.117	−0.155	−0.142	−0.181	−0.157	−0.149	−0.153	−0.890	−0.140	−0.033	0.974
	0.098	0.159	0.121	0.162	0.101	0.161	0.122	0.912	0.129	0.044	0.976
	0.107	0.170	0.127	0.146	0.119	0.154	0.128	0.909	0.117	0.051	0.975
5	−0.144	−0.137	−0.086	−0.125	−0.183	−0.893	−0.138	−0.161	−0.122	−0.053	0.956
	0.139	0.132	0.066	0.098	0.122	0.928	0.117	0.146	0.101	0.062	0.977
	0.121	0.127	0.054	0.090	0.125	0.935	0.114	0.133	0.089	0.072	0.975
6	−0.916	−0.091	−0.097	−0.159	−0.180	−0.126	−0.122	−0.108	−0.113	−0.054	0.973
	0.937	0.092	0.080	0.146	0.139	0.133	0.111	0.102	0.098	0.065	0.987
	0.940	0.095	0.079	0.134	0.130	0.139	0.106	0.091	0.092	0.064	0.985

续表

名称	因子载荷系数										同度（公因子方差）
	因子1	因子2	因子3	因子4	因子5	因子6	因子7	因子8	因子9	因子10	
7	−0.165	−0.070	−0.113	−0.892	−0.209	−0.101	−0.153	−0.173	−0.165	−0.003	0.975
	0.154	0.072	0.101	0.913	0.180	0.111	0.121	0.158	0.154	0.025	0.981
	0.149	0.077	0.095	0.917	0.167	0.114	0.122	0.155	0.148	0.023	0.981
8	−0.162	−0.108	−0.101	−0.200	−0.897	−0.148	−0.157	−0.130	−0.165	0.001	0.982
	0.166	0.111	0.096	0.182	0.904	0.157	0.138	0.128	0.164	0.006	0.987
	0.164	0.116	0.086	0.188	0.904	0.157	0.141	0.125	0.158	0.010	0.986
9	−0.126	−0.100	−0.110	−0.158	−0.180	−0.130	−0.877	−0.147	−0.273	0.007	0.976
	0.127	0.110	0.104	0.125	0.131	0.140	0.897	0.138	0.267	0.005	0.986
	0.127	0.117	0.113	0.134	0.136	0.138	0.893	0.136	0.265	0.004	0.984
10	−0.112	−0.092	−0.113	−0.174	−0.188	−0.116	−0.287	−0.150	−0.867	0.021	0.971
	0.108	0.104	0.099	0.165	0.155	0.125	0.262	0.124	0.895	−0.020	0.984
	0.116	0.103	0.101	0.156	0.160	0.102	0.261	0.131	0.896	−0.000	0.983

名称	因子1	因子2	因子3	因子4	因子5	因子6	因子7	因子8	因子9	因子10
特征根值（旋转前）	11.300	3.106	2.429	2.388	2.077	1.879	1.773	1.659	1.411	1.133
差解释率（旋转前）	37.668%	10.353%	8.095%	7.960%	6.922%	6.263%	5.909%	5.530%	4.702%	3.776%
累积方差解释率（旋转前）	37.668%	48.022%	56.117%	64.077%	71.000%	77.262%	83.172%	88.701%	93.404%	97.180%
特征根值（旋转后）	2.981	2.970	2.968	2.939	2.930	2.926	2.898	2.896	2.884	2.760

续表

名称	因子1	因子2	因子3	因子4	因子5	因子6	因子7	因子8	因子9	因子10
方差解释率（旋转后）	9.938%	9.902%	9.895%	9.797%	9.768%	9.754%	9.658%	9.654%	9.615%	9.200%
累积方差解释率（旋转后）	9.938%	19.839%	29.734%	39.531%	49.299%	59.053%	68.711%	78.365%	87.979%	97.180%
KMO值	0.866										
巴特球形值	41685.982										
df	435										
p值	0.000										

（二）调查数据总体描述

1. 被调查者来源院校与个人职业特征

本次调研共得到678份样本，剔除16份无效样本，有效样本为662份，有效率为97.6%。以下将分别展示被调查者来源高校，被调查者是否为专职学生工作人员，被调查者职务（职级）情况，详见表1.4。

表1.4 被调查者来源院校与个人职业特征

变量	分类	人数（人）	百分比（%）
来源高校	985高校	61	9.2
	211高校	164	24.7
	非以上两类高校	428	64.6
	不确定	9	1.4
被调查者是否为专职学生工作人员	专职学工人员	284	42.8
	非专职学工人员	378	57.0

续表

变量	分类	人数(人)	百分比(%)
被调查者职务(职级)情况	初级(科员10~9级)	174	26.3
	中级(正副科级8~7级)	296	44.7
	副高(正副处级6~5级)	157	23.4
	正高(正副校级4级及以上)	37	5.6

2. 当前高校学生事务风险状况

该部分调查包括10小题。需要被调查者分别就毕业生就业风险,在校生学术违规风险,在校生学业风险,在校生人身伤害风险,学生事务资金风险,在校生遭遇网络诈骗风险,师生关系风险,在校生创业风险,校园稳定风险,舆情安全风险暴发的可能性(低、中、高),风险暴发造成的危害性(低、中、高)进行判断。具体情况如下:

(1) 关于高校毕业生就业风险的情况(见表1.5)

表1.5 高校毕业生就业风险的可能性与危害性

变量	分类	人数(人)	百分比(%)
风险发生的可能性	低	238	38.76
	中	222	36.16
	高	117	19.6
	不确定	37	6.03
风险造成的危害性	低	251	40.88
	中	230	37.46
	高	73	11..89
	不确定	60	9.77

(2) 关于高校在校生学术违规风险的情况(见表1.6)

表1.6　高校在校生学术违规风险的可能性与危害性

变量	分类	人数(人)	百分比(%)
风险发生的可能性	低	204	42.68
	中	163	34.1
	高	61	12.76
	不确定	50	10.46
风险造成的危害性	低	173	36.19
	中	181	37.87
	高	71	14.85
	不确定	53	11.09

(3) 关于高校在校生学业风险的情况(见表1.7)

表1.7　高校在校生学业风险的可能性与危害性

变量	分类	人数(人)	百分比(%)
风险发生的可能性	低	208	40.94
	中	184	36.22
	高	67	13.19
	不确定	49	9.65
风险造成的危害性	低	201	39.57
	中	182	35.83
	高	55	10.83
	不确定	70	13.78

(4) 关于高校在校生人身伤害风险的情况(见表1.8)

表1.8 高校在校生人身伤害风险的可能性与危害性

变量	分类	人数(人)	百分比(%)
风险发生的可能性	低	137	31.49
	中	140	32.18
	高	59	13.56
	不确定	99	22.76
风险造成的危害性	低	127	29.2
	中	161	37.01
	高	80	18.39
	不确定	67	15.4

(5) 关于高校在校生遭遇网络诈骗风险的情况(见表1.9)

表1.9 高校在校生遭遇网络诈骗风险的可能性与危害性

变量	分类	人数(人)	百分比(%)
风险发生的可能性	低	183	36.82
	中	160	32.19
	高	74	14.89
	不确定	80	16.1
风险造成的危害性	低	155	31.19
	中	170	34.21
	高	80	16.1
	不确定	92	18.51

(6)关于高校学生事务资金风险的情况(见表1.10)

表1.10　高校学生事务资金风险的可能性与危害性

变量	分类	人数(人)	百分比(%)
风险发生的可能性	低	183	43.26
	中	131	30.97
	高	41	9.69
	不确定	68	16.08
风险造成的危害性	低	170	40.19
	中	126	29.79
	高	47	11.11
	不确定	80	18.91

(7)关于高校师生关系风险的情况(见表1.11)

表1.11　高校师生关系风险的可能性与危害性

变量	分类	人数(人)	百分比(%)
风险发生的可能性	低	141	4.22
	中	133	32.28
	高	61	14.81
	不确定	77	18.69
风险造成的危害性	低	127	30.83
	中	149	36.17
	高	71	17.23
	不确定	65	15.78

(8) 关于高校在校生创业风险的情况(见表 1.12)

表 1.12 高校在校生创业风险的可能性与危害性

变量	分类	人数(人)	百分比(%)
风险发生的可能性	低	102	32.69
	中	109	34.94
	高	41	13.14
	不确定	60	19.23
风险造成的危害性	低	102	32.69
	中	103	33.01
	高	47	15.06
	不确定	60	19.23

(9) 关于高校学生事务舆情风险的情况(见表 1.13)

表 1.13 高校学生事务舆情风险的可能性与危害性

变量	分类	人数(人)	百分比(%)
风险发生的可能性	低	151	36.83
	中	145	35.37
	高	56	13.66
	不确定	58	14.15
风险造成的危害性	低	136	33.17
	中	155	37.8
	高	62	15.12
	不确定	57	13.9

(10) 关于高校在校生遭遇网络诈骗风险的情况(见表1.14)

表1.14 高校在校生遭遇网络诈骗风险的可能性与危害性

变量	分类	人数(人)	百分比(%)
风险发生的可能性	低	183	36.82
	中	160	32.19
	高	74	14.89
	不确定	80	16.10
风险造成的危害性	低	155	31.19
	中	170	34.21
	高	80	16.10
	不确定	92	18.51

3.当前高校所采取的学生事务风险治理措施情况

该部分调查包括5小题。需要被调查者对如下问题做出判断:高校曾聘请专家为学工人员防控学生事务中的某类风险开展专业讲座;高校曾聘请专家为学工人员防控学生事务中的某类风险展开实际工作指导;高校曾在一定时期为应对学生事务中的某类风险而成立特别工作小组;高校曾通过召开线上或线下专题讲座或会议的方式来增强学生风险防范意识与防范能力;高校曾通过某些手段(借助网络App的方式),来密切不同层级管理人员、学术人员、学生、学生家长等之间的联系。调查结果如表1.15所示。

表1.15 高校学生事务风险治理措施

变量	分类	人数(人)	百分比(%)
1.高校曾聘请专家为学工人员防控学生事务中的某类风险展开专业讲座	是	518	78.25
	否	67	10.12
	不确定	77	11.63

续表

变量	分类	人数(人)	百分比(%)
2.高校曾聘请专家为学工人员防控学生事务中的某类风险展开实际工作指导	是	502	75.83
	否	70	10.57
	不确定	60	13.6
3.高校曾在一定时期为应对学生事务中的某类风险而成立特别工作小组	是	509	76.89
	否	8.61	14.5
	不确定	96	14.5
4.高校曾通过召开线上或线下专题讲座或会议的方式来增强学生风险防范意识与防范能力	是	584	88.22
	否	37	5.59
	不确定	41	6.19
5.高校曾通过某些手段来密切不同层级管理人员、学术人员、学生、学生家长等之间的联系	是	468	70.69
	否	89	13.44
	不确定	105	15.86

(1)高校中聘请专家开展防控学生事务风险讲座的情况。

如图1.1所示,78.25%的被调查者表示所在高校曾聘请专家为学工人员防控学生事务中的某类风险展开讲座,10.12%的被调查者(67人)表示高校并未聘请专家为学工人员防控学生事务中的某类风险展开讲座,11.63%的被调查者表示不确定。

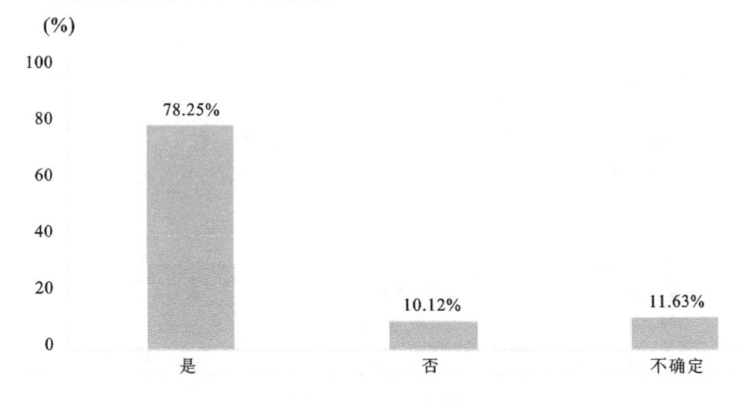

图1.1 高校中聘请专家开展防控学生事务风险讲座的情况图

(2)高校中聘请专家指导防控学生事务工作的情况。

如图1.2所示,75.83%的被调查者(502人)认为所在高校曾聘请专家为学工人员防控学生事务中的某类风险展开实际工作指导,10.57%的被调查者(70人)表示高校并未聘请专家为学工人员防控学生事务中的某类风险展开实际工作指导,13.6%的被调查者(90人)对此表示不确定。

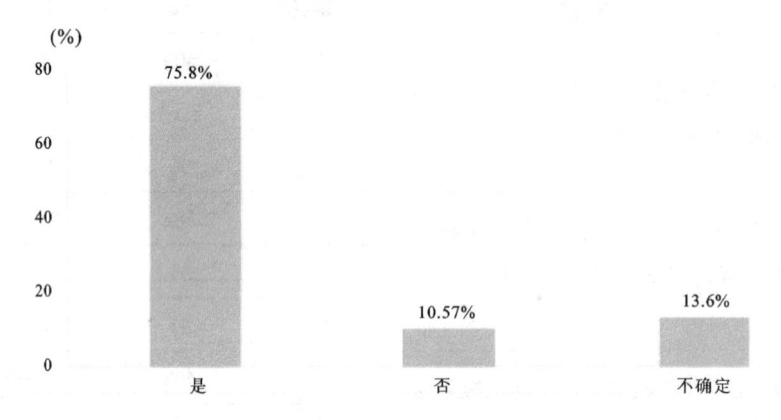

图1.2 高校中聘请专家指导防控学生事务工作的情况图

(3)高校中为应对学生事务中成立特别工作小组的情况。

如图1.3所示,76.89%的被调查者(509人)表示其所在高校曾在一定时期为应对学生事务中的某类风险而成立特别工作小组,8.61%的被调查者(57人)表示高校并未应对学生事务中的某类风险而成立特别工作小组,14.5%的被调查者(96人)对此表示不确定。

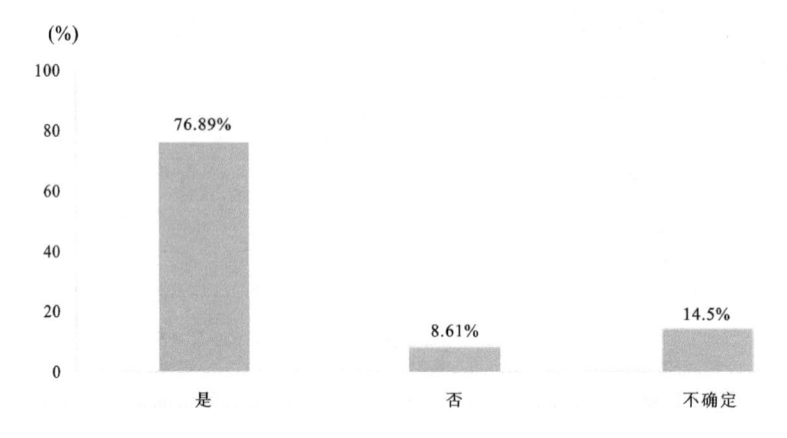

图1.3 高校中为应对学生事务中成立特别工作小组的情况图

(4)高校中为增强学生风险防范意识与防范能力开展讲座的情况。

如图1.4所示,88.22%的被调查者(584人)表示高校曾通过召开线上或线下讲座或会议的方式来增强学生风险防范意识与防范能力,5.59%的被调查者(37人)表示高校并未召开线上或线下讲座或会议的方式来提高学生风险防范意识与防范能力,6.19%的被调查者(41人)对此表示不确定。

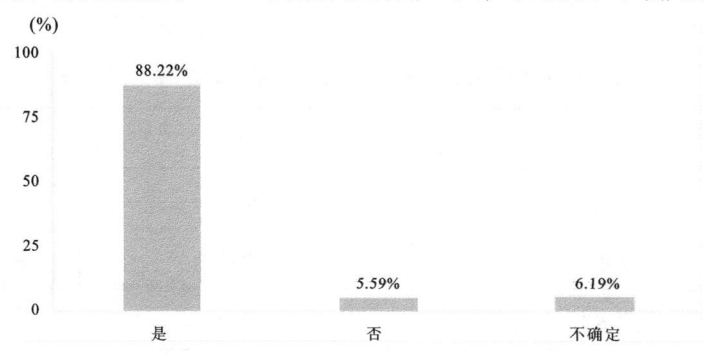

图1.4 高校为增强学生风险防范意识与防范能力开展讲座的情况图

(5)高校中是否借助网络App来密切不同主体的情况。

如图1.5所示,70.69%的被调查者表示高校曾通过网络App等方式密切家长、学生和高校各级管理人员的联系;13.44%表示并未通过此种方式来密切家长、学生和高校各级管理人员的联系,15.86%的被调查者对此表示不确定。

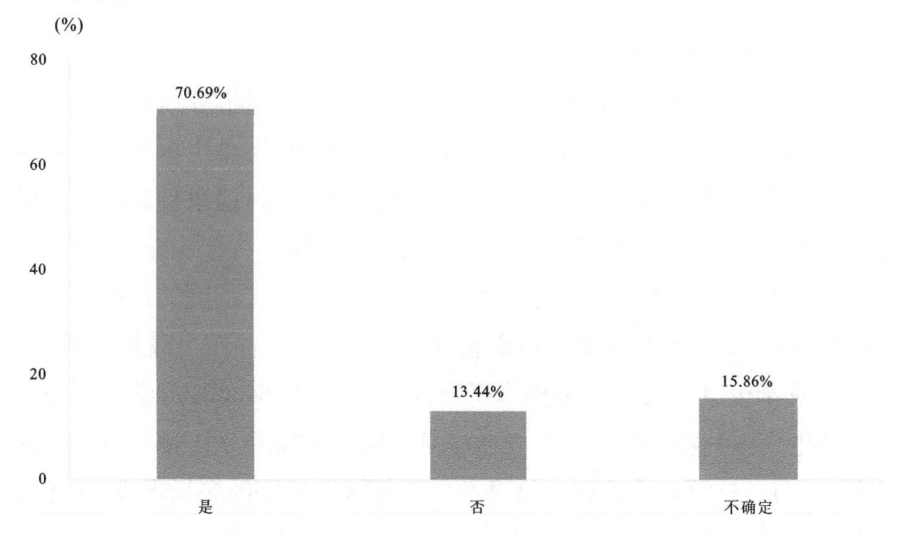

图1.5 高校中是否借助网络App来密切不同主体的情况图

4.高校密切家长、学生和高校各类管理人员联系的情况

如表1.16所示,高校学生风险信息网络 App 所涉及的主体选项从高到低依次是辅导员、学生、学生家长、院系学工领导、本科生导师、校级学工管理领导、研究生导师。其中只有不到50%的高校选择容纳最后两类主体参与到学生工作中,这表明高校还应在纵向和横向上不断推进风险信息的传播。

表1.16 高校学生风险信息网络 App 所涉及主体的情况表

选项	小计	比例
辅导员	409	87.39%
学生	377	80.56%
学生家长	338	72.22%
院系学工领导	288	61.54%
本科生导师	267	57.05%
校级学工管理领导	222	47.44%
研究生导师	216	46.15%
本题有效填写人次	468	100%

5.被调查者对学生事务风险影响范围的判断

该部分仅有一个有4个选项的多选题,分别是:学生事务风险损害学生个体利益;学生事务风险影响院系学工部门的管理成效;学生事务风险影响整体高校管理的成效;学生事务风险在极端情况下(当风险事件超出高校的管控),还将对社会与国家的和谐与安定造成负面影响。

如表1.17所示,高校工作人员对学生事务风险危害范围的选择从低到高依次分别是:学生事务风险在极端情况下(当风险事件超出高校的管控)(72.49%);学生事务风险影响整体高校管理的成效(84.62%)学生事务风险损害学生个体利益(84.91%);学生事务风险影响院系学工部门的管理成效(87.28%)。这反映出高校人员对学生事务风险危害的多层次性、多主体性已经有了一定的意识。

表1.17 高校工作人员对风险影响范围的判断情况表

选项	小计	比例
学生事务风险在极端情况下(当风险事件超出高校的管控)，可能对社会与国家的和谐与安定造成负面影响	245	72.49%
学生事务风险影响整体高校管理的成效	286	84.62%
学生事务风险影响院系学工部门的管理成效	295	87.28%
学生事务风险损害学生个体利益	287	84.91%
本题有效填写人次	338	100%

6.被调查者对学生事务风险防控主体的应然与实然判断

(1)防控学生事务风险的主体。

如表1.18所示,高校工作人员对应当承担学生事务风险管理责任的主体的反馈,反映出他们已经初步具有了多主体参与学生事务风险管理的观念。

表1.18 高校工作人员对应当承担学生事务风险管理责任主体的反馈情况表

选项	小计	比例
学生个体(其可关注同班、同宿舍同学)	562	84.89%
学生家长	524	79.15%
宿管、保洁等与学生生活相对密切的高校工勤人员	481	72.66%
院系辅导员	521	78.7%
院系学工领导	470	71%
院系其他部门领导与管理人员	384	58.01%
院系教学人员	347	52.42%
高校学工部门领导与管理人员	358	54.08%
主管学生工作的校长	345	52.11%
高校其他管理部门领导与管理人员	283	42.75%
政府管理部门	256	38.67%
外部社会主体(如保险、医疗、专业协会、研究会、爱心团体等)	252	38.07%
本题有效填写人次	662	100%

(2)哪几类主体在日常工作中切实参与了对学生事务风险的防控。

如表1.19所示,高校工作人员对实际参与学生事务风险管理主体情况的反馈,反映出政府管理部门,外部社会主体如保险、医疗、专门协会、研究会等,在学生事务风险防控中的作用还应得到进一步加强。

表1.19 高校工作人员对实际参与学生事务风险防控的主体反馈情况表

选项	小计	比例
学生个体(其可关注同班、同宿舍同学)	301	89.05%
学生家长	247	73.08%
宿管、保洁等与学生生活相对密切的高校工勤人员	242	71.6%
院系辅导员	269	79.59%
院系学工领导	227	67.16%
院系其他部门领导与管理人员	158	46.75%
院系教学人员	160	47.34%
高校学工部门领导与管理人员	172	50.89%
主管学生工作的校长	145	42.9%
高校其他管理部门领导与管理人员	114	33.73%
政府管理部门	84	24.85%
外部社会主体(如保险、医疗、专业协会、研究会、爱心团体)	82	24.26%
本题有效填写人次	338	100%

附录2：当代中国高校学生事务风险调查问卷

尊敬的领导、老师们：

　　大家好！

　　感谢各位在百忙中的拨冗参与。本调查是为获取当前高校学生事务风险的第一手资料，以完成国家教育科学规划课题"高校学生事务风险与危机管理优化研究"而专门计划展开的。

　　本次调查分四部分，共24题。所涉及的相关风险项均采集于知网正规期刊、学位论文、报纸与会议出版物相关主题研究成果的关键词与摘要中。在正式开展调查前已经与学生事务领域的专家、一线管理人员与领导，就问卷中所涉及的内容进行了审查与核定，确保不涉密。此外，本次调查不记名，完全保障各位参与调查者的个人隐私，故请各位根据自己在工作中的感受与体验，真实作答以下问题。

　　鉴于参与问卷调查耽误各位宝贵的时间，故每位参与调查者将获得一个5~50元的现金红包，以补偿对各位私人时间的占用，同时也是对各位的支持真诚感谢！

第一部分　您的基本信息

1.您工作的院校类型是：

1.1

A.一流大学高校　　　　　B.一流学科建设高校

C.以上两类之外的高校　　D.不确定

1.2

A.985高校　　　　　　　B.211高校

C.以上两类之外的高校　　D.不确定

2.您是否专职或曾经专职学生工作或负责学工管理：

A.是　　　　　　　　　　B.否

如果是,您任职或曾经任职学生工作的年限是:

A. 小于或等于 2 年　　　　　　B. 大于 2 年但小于等于 5 年

C. 大于 5 年

3. 您的职务或职称级别是(仅需点选下面 3 系列中的 1 个系列作答即可):

行政系列

您的职务级别是:

A. 科员　　　　　　　　　　B. 正副科级

C. 正副处级　　　　　　　　D. 正副校级

教师系列

您的职称级别是:

A. 初级　　B. 中级　　C. 副高　　D. 正高

职级系列

您的职级是:

A. 10 – 9 级　　　　　　　　B. 8 – 7 级

C. 6 – 5 级　　　　　　　　D. 4 级及以上

第二部分　您对后疫情时代高校学生事务风险的认识

依据您在工作中所接触到的情况(也包括您从新闻、政府与高校官网等正规渠道所获取的信息),您认为在经历疫情挑战后的当前,您所在高校学生事务工作中是否存在下述的某项或多项风险(请对您认为存在的风险题项做点选,点选项数不限);在此基础上,请对所选风险发生的可能性程度(低、中、高),风险对学生工作所造成的不利影响的程度(低、中、高)做点选。

1. 毕业生就业风险(高校毕业生因种种原因遭遇就业挫折,如疫情后整体就业环境严峻,毕业生个性、能力等方面存在一定不足,毕业生就业期望值偏高等)

是否存在该风险:

A. 是

B. 否

风险发生的可能性：

A. 低

B. 中

C. 高

D. 不确定

风险对高校学生(及其他)工作的影响：

A. 低

B. 中

C. 高

D. 不确定

2. 在校生学术违规风险(学生在提交本人学位论文及其他学术作品的过程中涉及学术不端。导致此类现象的原因可能有,学生学术规范知识缺乏,学术诚信意识不强,对学生的教育管理不完善等)

是否存在该风险：

A. 是

B. 否

风险发生的可能性：

A. 低

B. 中

C. 高

D. 不确定

风险对高校学生(及其他)工作的影响：

A. 低

B. 中

C. 高

D. 不确定

3. 在校生学业风险(在校生因某些原因不能有效完成学业,如不适应教学转为线上方式,面临就业前景不佳而缺失学习动力,个人心理与情绪问题

而出现厌学等)

是否存在该风险:

A. 是

B. 否

风险发生的可能性:

A. 低

B. 中

C. 高

D. 不确定

风险对高校学生(及其他)工作的影响:

A. 低

B. 中

C. 高

D. 不确定

4. 在校生人身伤害风险(学生因某些原因而遭遇人身伤亡事件,如陷入心理危机,或遭遇意外事故等)

是否存在该风险:

A. 是

B. 否

风险发生的可能性:

A. 低

B. 中

C. 高

D. 不确定

风险对高校学生(及其他)工作的影响:

A. 低

B. 中

C. 高

D. 不确定

5. 在校生遭遇网络诈骗风险(在校生陷入网络套路贷、网络传销、网络诈骗等不良事件)

是否存在该风险:

A. 是

B. 否

风险发生的可能性:

A. 低

B. 中

C. 高

D. 不确定

风险对高校学生(及其他)工作的影响:

A. 低

B. 中

C. 高

D. 不确定

6. 高校学生事务资金风险(支持学生工作有效开展面临资金缺口,如保障学生疫情下的正常学习、生活,支持学生就业创业方面需更充沛的资金投入)

是否存在该风险:

A. 是

B. 否

风险发生的可能性:

A. 低

B. 中

C. 高

D. 不确定

风险对高校学生(及其他)工作的影响:

A. 低

B. 中

C. 高

D. 不确定

7. 高校师生关系风险(高校中承担在校生教学、管理的教师、辅导员或其他学工管理人员,其与学生的工作交往中出现关系不睦而引发消极事件或不良后果,如在校生陷入心理危机甚至人身伤亡事件,当事教学、管理人员面临被追责,高校因此类事件曝出而声誉受损等)

是否存在该风险:

A. 是

B. 否

风险发生的可能性:

A. 低

B. 中

C. 高

D. 不确定

风险对高校学生(及其他)工作的影响:

A. 低

B. 中

C. 高

D. 不确定

8. 在校生创业风险(在校生创业过程中陷入融资、知识产权等方面的法律纠纷)

是否存在该风险:

A. 是

B. 否

风险发生的可能性:

A. 低

B. 中

C. 高

D. 不确定

风险对高校学生(及其他)工作的影响：

A. 低

B. 中

C. 高

D. 不确定

9. 高校校园稳定风险(学生因自身利益受损而出现负面情绪,在校园中传播不当言论)

是否存在该风险：

A. 是

B. 否

风险发生的可能性：

A. 低

B. 中

C. 高

D. 不确定

风险对高校学生(及其他)工作的影响：

A. 低

B. 中

C. 高

D. 不确定

10. 高校舆情风险(涉及在校生及高校学生工作的负面信息、虚假信息经发酵而引发校内外的舆情危机)

是否存在该风险：

A. 是

B. 否

风险发生的可能性：

A. 低

B. 中

C. 高

D. 不确定

风险对高校学生(及其他)工作的影响：

A. 低

B. 中

C. 高

D. 不确定

您认为学生事务领域还存在哪些风险或风险点？

─────────────────

第三部分　您所在高校对学生事务风险所采取的治理措施情况

1. 高校曾聘请专家为学工人员防控学生事务中的某类风险展开专业讲座：

A. 是

B. 否

C. 不确定

2. 高校曾聘请专家为学工人员防控学生事务中的某类风险展开实际工作指导：

A. 是

B. 否

C. 不确定

3. 高校曾在一定时期为应对学生事务中的某类风险而成立特别工作小组：

A. 是

B. 否

C. 不确定

4. 高校曾通过召开线上或线下专题讲座或会议的方式来提高学生风险防范意识与防范能力：

A. 是

B. 否

C. 不确定

5. 高校曾通过某些手段来密切不同层级管理人员、学术人员、学生、学生家长等之间的联系：

A. 是

B. 否

C. 不确定

如果是，则这一努力整合进的主体包括（多选）：

A. 学生

B. 学生家长

C. 辅导员

D. 本科生导师

E. 研究生导师

F. 院系学工领导

G. 校级学工管理领导

6. 除上述外，你认为还有哪些措施有助于防范或应对学生事务工作中的风险？

第四部分　您对学生事务风险影响范围及其防控主体的认识

1. 学生事务风险的影响范围（多选）：

A. 学生事务风险损害学生个体利益

B. 学生事务风险影响院系学工部门的管理成效

C. 学生事务风险影响整体高校管理的成效

D. 学生事务风险在极端情况下（当风险事件超出高校的管控），还将对社会与国家的和谐与安定造成负面影响

2. 防控学生事务风险的主体应当包括（多选）：

A. 学生个体（其可关注同班、同宿舍同学）

B. 学生家长

C. 宿管、保洁等于学生生活相对密切的高校工勤人员

D. 院系辅导员

E. 院系学工领导

F. 院系其他部门领导与管理人员

G. 院系教学人员

H. 高校学工部门领导与管理人员

I. 高校其他管理部门领导与管理人员

G. 主管学工事务的校长及其办公室

K. 政府管理部门

L. 外部社会主体（如保险、医疗、专业协会、研究会、爱心团体等）

3. 除上述外，您认为还有哪些主体也应参与到防范学生事务风险的工作中？

_____

4. 以下哪几类主体在日常工作中切实参与了您所在高校学生事务风险的防控（多选）：

A. 学生个体（其可关注同班、同宿舍同学）

B. 学生家长

C. 宿管、保洁等与学生生活相对密切的高校工勤人员

D. 院系辅导员

E. 院系学工领导

F. 院系其他部门领导与管理人员

G. 院系教学人员

H. 高校学工部门领导与管理人员

I. 高校其他管理部门领导与管理人员

G. 主管学工事务的校长及其办公室

K. 政府管理部门

L. 外部社会主体（如保险、医疗、专业协会、研究会、爱心团体等）

5. 除上述外，您认为还有哪些主体在实践中切实参与了您所在高校学生事务风险的防控？

_____

本调查题项您已全部完成,感谢您的大力支持!

附:分值说明

第一部分第1题,在后期统计分析时将高校类型依据其学术声誉水平分别转化为:985高校(6分),211高校(4分),除上述两类一直的高校(2分)。

第二部分第1—10题,在后期统计分析时将风险发生的可能性与危害性的等级分别转化为分值:高(3分),中(2分),低(1分),不确定(0分)。

第三部分的第1—5题,在后期统计分析时将选项数转化为相应的分值(1分—5分)。

第四部分的第1、2、4,在后期统计分析时将选项数转化为相应的分值(第1题为1分—5分;第2、4题为1分—12分)。

附录3：当代中国高校学生事务风险访谈提纲

(1)请简单介绍一下您的学习工作经历。
(2)请谈一谈您从事高校学生管理工作的感受。
(3)请谈一谈当前高校学生工作比较吃力(难做)的方面。
(4)您认为当前高校学生工作中可能存在哪些风险？
(5)您对网上曾流传的"寒门博士自杀案"怎样看？
(6)您认为高校在防控学生风险方面还有哪些需要改进的？
(7)关于高校学生事务工作您还有什么需要补充说明的吗？

附录4：1997—2021年高等教育阶段毕业生年度人数一览表

年份（年）	本（专）科生毕业人数（人）	研究生毕业人数（人）	留学归国人数（人）
1997	829070	46539	46539
1998	829833	47077	47077
1999	847617	54670	54670
2000	895625	58767	58767
2001	1036323	67809	67809
2002	1337309	80841	114782
2003	1877492	111091	132000
2004	2391152	150777	155100
2005	3067956	213152	178200
2006	3786428	272631	201300
2007	4477907	311839	224400
2008	5119498	344825	247500
2009	（数据无法确认）	371273	270600
2010	5754245	383600	293700
2011	6081565	429994	316800
2012	6247338	486455	339900
2013	6387210	513626	363000
2014	6593671	535863	386100
2015	6808866	551522	409300
2016	7041800	563938	432500
2017	7358287	578045	480900

续表

年份（年）	本（专）科生毕业人数（人）	研究生毕业人数（人）	留学归国人数（人）
2018	7533087	604368	519400
2019	7585298	639666	580300
2020	7971991	728627	777022
2021	7614893	806103	1048979

资料来源：

国家统计局. 中国统计年鉴（教育）[EB/OL]. (2022-01-12)[2022-08-28]. http://www.stats.gov.cn/tjsj/ndsj/2021/indexch.htm.

附录5：1992—2021各年度我国城镇新增就业与待就业人口与城镇就业岗位数增长率一览表

年份（年）	城镇全年实际新增就业人数（万人）	城镇新增待就业人口（万人）	年度城镇就业岗位数增长率
1992	736	17736	4.10%
1993	705	18441	3.82%
1994	715	19156	3.73%
1995	720	19876	3.62%
1996	705	20581	3.38%
1997	710	21291	3.33%
1998	471	21762	2.16%
1999	336	22098	1.52%
2000	260	22358	1.16%
2001	789	23147	3.40%
2002	840	23987	3.50%
2003	859	24846	3.45%
2004	980	25826	3.79%
2005	970	26796	3.61%
2006	1184	27980	4.23%
2007	1204	29184	4.12%
2008	1113	30297	3.67%
2009	1102	31399	3.50%
2010	1168	32567	3.59%
2011	1221	33788	3.61%

续表

年份（年）	城镇全年实际新增就业人数（万人）	城镇就业（万人）	年度城镇就业岗位数增长率
2012	1266	35054	3.61%
2013	1310	36364	3.60%
2014	1322	37686	3.51%
2015	1312	38998	3.36%
2016	1314	40312	3.26%
2017	1351	41663	3.24%
2018	1361	43024	3.16%
2019	1352	44376	3.05%
2020	1186	45562	2.60%
2021	1269	46831	2.70%

资料来源：

国家统计局.中国统计年鉴（就业）[EB/OL].(2022-01-12)[2022-08-28].https://data.stats.gov.cn/publish.htm?sort=1.

人力资源和社会保障部.2021年就业数据[EB/OL].(2022-06-07)[2022-08-28].http://www.mohrss.gov.cn/SYrlzyhshbzb/zwgk/szrs/tjgb/202206/t20220607_452104.html.

附录6:2016—2021年中国高校毕业生就业率抽样统计表

序号	学校名称	2016年	2017年	2018年	2019年	2020年	2021年
1	北京交通大学	98.03%	99.05%	98.82%	99.34%	96.82%	94.09%
2	北京工业大学	99.03%	98.49%	98.99%	97.77%	91.30%	96.20%
3	北京科技大学	96.66%	96.64%	96.83%	96.88%	94.01%	94.21%
4	北京化工大学	97.92%	98.51%	98.36%	97.58%	88.22%	90.37%
5	北京邮电大学	99.46%	99.52%	99.79%	99.52%	92.66%	94.17%
6	北京林业大学		95.82%	95.56%	92.28%	90.52%	90.98%
7	北京中医药大学		97.77%	97.77%	97.80%	93.23%	94.73%
8	北京外国语大学	95.99%	94.89%	96.85%	94.10%	96.05%	97.67%
9	中国传媒大学		97.86%	98.05%	97.19%	80.20%	85.00%
10	中央财经大学	97.39%	98.19%	97.58%	97.15%	91.02%	
11	对外经济贸易大学	98.98%	99.12%	99.43%	98.75%	93.51%	96.07%
12	北京体育大学			94.21%	90.33%	87.74%	
13	中央音乐学院	98.60%	98.54%	99.21%	98.73%	98.13%	98.70%
14	中国政法大学	95.77%	97.66%	98.18%	98.74%	94.16%	97.51%
15	华北电力大学	97.23%	97.27%	94.60%	92.63%	87.99%	90.66%
16	中国矿业大学(北京)	98.26%	97.78%	96.98%	94.02%	86.71%	91.16%
17	中国石油大学(北京)		97.44%	97.94%	96.97%	94.68%	96.87%
18	中国地质大学(北京)		96.70%	95.43%	95.34%	91.41%	94.25%
19	天津医科大学		84.65%	82.26%	63.34%	73.40%	80.00%
20	河北工业大学	95.33%	94.59%	94.62%	98.11%	83.05%	85.00%
21	太原理工大学			90.11%	82.92%	71.84%	
22	辽宁大学		95.77%	96.24%	97.72%	76.48%	85.56%

续表

序号	学校名称	2016年	2017年	2018年	2019年	2020年	2021年
23	大连海事大学	95.03%	96.39%	97.27%	97.41%	87.03%	97.05%
24	延边大学	77.12%	60.70%	73.19%	62.46%	77.73%	81.03%
25	东北师范大学			97.88%	97.67%	82.09%	86.39%
26	哈尔滨工程大学	95.62%	95.30%	95.22%	93.22%		95.63%
27	东北农业大学	95.61%	95.75%	95.78%	94.45%	83.49%	84.37%
28	东北林业大学	92.21%	94.29%	96.06%	92.75%	81.01%	82.18%
29	华东理工大学		98.14%	96.41%	96.74%	92.02%	94.51%
30	东华大学	97.15%	96.91%	97.69%	97.13%	94.51%	96.25%
31	上海外国语大学	95.07%	94.05%	97.39%	97.68%	95.52%	96.43%
32	上海财经大学	96.07%	95.25%	95.91%	96.32%	94.01%	94.69%
33	上海大学	99.15%	99.63%	99.60%	99.21%	93.53%	94.05%
34	苏州大学	93.20%	92.36%	93.32%	93.28%	93.52%	93.86%
35	南京航空航天大学	99.23%	99.45%	98.91%	97.25%		94.30%
36	南京理工大学	99.24%	99.20%	98.71%	98.01%		94.34%
37	中国矿业大学	98.12%	98.22%	98.56%	97.23%	92.02%	95.18%
38	河海大学	96.34%	96.49%	93.71%	92.26%		
39	江南大学	97.24%	94.99%	97.99%	96.93%	92.32%	95.20%
40	南京农业大学		96.04%	96.06%	96.15%	90.04%	91.34%
41	中国药科大学	98.90%	99.15%	98.70%	97.15%	88.73%	93.16%
42	南京师范大学	93.36%	95.89%	79.39%	93.24%	77.24%	91.72%
43	安徽大学		92.92%	91.87%	91.40%	93.51%	95.54%
44	合肥工业大学	96.47%	96.61%	96.71%	96.54%	92.20%	96.35%
45	福州大学	95.23%	96.10%	96.87%	96.58%		
46	南昌大学	93.40%	94.00%	91.02%	85.82%	82.00%	84.30%
47	中国石油大学(华东)	97.13%	96.30%	96.09%	95.48%	94.34%	

续表

序号	学校名称	2016 年	2017 年	2018 年	2019 年	2020 年	2021 年
48	郑州大学	93.20%	93.79%	91.34%	90.28%	88.60%	81.80%
49	中国地质大学(武汉)		96.70%	96.95%	96.18%	94.68%	
50	武汉理工大学	96.94%	96.77%	97.01%	96.48%	95.02%	95.02%
51	华中农业大学	95.31%	94.03%	95.08%	92.43%	85.55%	
52	华中师范大学	91.51%	91.25%	91.96%	90.49%	89.51%	89.61%
53	中南财经政法大学	94.70%	95.40%	95.67%	95.71%	86.94%	
54	湖南师范大学	92.79%	95.34%	96.71%	87.67%	93.24%	90.14%
55	暨南大学	97.21%	97.23%	97.24%	97.11%	88.32%	90.04%
56	华南师范大学	90.40%	97.15%	99.37%（仅本科）	98.73%（仅本科）	90.74%	92.8%（仅本科）
57	广西大学			85.18%	87.29%	82.38%	85.51%
58	海南大学			91.14%	89.04%	72.11%	83.18%
59	西南大学			89.45%	88.11%	84.24%	91.70%
60	西南交通大学	96.80%	96.85%	96.98%	93.63%	97.09%	96.61%
61	四川农业大学					97.07%	
62	西南财经大学			97.74%	91.89%	91.80%	93.00%
63	贵州大学			85.08%	95.42%	82.28%	95.05%
64	云南大学	95%非官方	94.9%非官方	95.98%	90.32%		
65	西藏大学				92.99%	83.44%	74.58%
66	西北大学			93.43%	91.50%	81.84%	82.70%
67	西安电子科技大学	98.36%	98.47%	98.43%	97.52%	99.22%	96.76%
68	长安大学			96.19%	96.46%	90.34%	92.40%
69	陕西师范大学			93.3	93.13%	85.90%	
70	青海大学			91.18	91.11%	91.14%	90.50%

续表

序号	学校名称	2016 年	2017 年	2018 年	2019 年	2020 年	2021 年
71	宁夏大学			86.08%	67.94%	75.29%	77.96%
72	新疆大学				89.37%	89.37%	80.14%
73	石河子大学			88.64%（仅本科）	90.12%（仅本科）	95.60%（仅本科）	91.91%（仅本科）

后　记

　　从开启关于高校学生事务风险管理的研究到本书最终成稿，笔者经历了难以言喻的心路历程。从最初为专家、前辈论证该选题合理性时的忐忑不安，到该选题正式立项时的喜悦激动，再到课题在持续调研过程中面临困境时的惊慌失措，甚至是焦虑抑郁、沮丧失落……所有这些，正构筑出促使笔者成长为一个坚韧而理性的研究者所必然经历的磨砺与艰辛历程，亦建构起支持笔者在日常为人处世方面变得更为灵活、练达、机智、成熟的成长阶梯。回想起为孕育本书稿的理论框架而将自己沉浸于前辈学者们的丰沛成果中艰苦阅读难以自拔的愉悦；回忆起课题研究如期推进获得的成就感与自信心，乃至遭遇种种研究困境，并积极化解而重新使相关研究能顺利开展的兴奋……所有这些苦辣酸甜正构筑了笔者研究生涯中新的里程碑。

　　应当承认的是，已有研究所取得的成果尚未得到高校管理实践的充分检验与发展。这既有课题主持人前期研究设计过于理想化的主观不足，同时也有研究团队中学工管理领导工作岗位变化，导致后期行动研究未能充分有效开展的客观不利因素。而新冠疫情暴发更使研究一度面临极大的困境：课题组成员中的高校学生事务领导与管理人员大多投入抗疫第一线，难以腾出精力开展合作研究。加之，出于维护高校声誉和维护高校稳定等方面的考虑，许多高校要求员工不得接受网络调研活动，或者是针对此类活动建立严格的审查制度，这也使后期的调查研究遭受颇多不顺。此外，原计划有针对学生群体的问卷调查，但受疫情后高校管控的影响，一方面高校对此类问卷调查的审核严格，针对高校学生的调查问卷不能如计划正常发放，另一方面是有些允许发放问卷的高校中所回收的样品问卷的数据信度、效度检测值低。上述情况的出现，与新冠疫情危害学生群体身心健康有一定关系，而这也将成为本专题研究得以持续充实、完善的新的切入点。

随着上述所有研究工作的经历与收获凝聚于本书中，笔者衷心感谢在这一进程中给予我种种帮助的研究伙伴，特别是西安建筑科技大学的郭宁博士，她为本书稿量化部分的研究设计提供了重要思路，同时也承担了调查研究中大量的基础性工作。此外，还真诚感谢本书编辑孙老师在稿件调整修改的过程中给予我的支持与帮助。同时笔者也希望自己关于学生事务风险管理的研究能够在经历广大同行、专家的批评、斧正后不断得以发展、完善，以期能为推进我国高校学生事务工作的持续发展、优化贡献自己的绵薄之力。

郭洁

2023 年 10 月于田家炳书院